LA PUERTA ANGOSTA

FEDERICO SUÁREZ

LA PUERTA ANGOSTA

Décimoquinta edición

EDICIONES RIALP
MADRID

© 1971 *by* FEDERICO SUÁREZ
© 2025 *by* EDICIONES RIALP, S.A.,
Manuel Uribe 13-15 - 28033 Madrid
(www.rialp.com)

ISBN (edición impresa): 978-84-321-6932-8
ISBN (edición bajo demanda): 978-84-321-6933-5
Depósito legal: M-24588-2024

Impreso en España   *Printed in Spain*

Service Point, S. A. - Madrid

ÍNDICE

PREÁMBULO

Este libro no es más que un conjunto de meditaciones que han sido predicadas en alguna ocasión. Aunque está dirigido a la gente joven, y aun podría decirse que a los universitarios en especial, creo que puede ser útil a toda clase de personas.

Podría comenzarlo repitiendo unas palabras de San Pablo a los gálatas: «Me tenéis perplejo sobre el modo con que debo hablaros» (Gal 4, 20). ¿Cómo hay que hablar de Dios y del Evangelio a la juventud de hoy? ¿Cuál es el lenguaje que entiende? ¿Cuáles son las palabras adecuadas, el planteamiento preciso que hay que emplear para mostrarle la grandeza de la tarea que tiene por delante, la espléndida aventura que es la búsqueda de

Dios y el hallazgo del sentido de la vida?

No lo sé. Y esta es la razón de que haya procurado conservar la forma hablada con que nacieron estas meditaciones, si es que se les puede llamar así. Pienso que si entonces me entendieron (por lo menos, algunos), acaso ahora también lo consiga. Debo advertir, sin embargo, que por estar dirigidas a católicos —es decir, a bautizados que creen en Cristo y son miembros de la Iglesia— no se penetrará en el sentido que tienen si el lector no advierte que un católico no es sólo sujeto de derechos, sino también de obligaciones.

Desde luego —y ello lo podrá comprobar cualquiera que esto leyere— no ha sido mi propósito halagar a la juventud de hoy (ni de ayer, por supuesto). Una aportación en este sentido estaría fuera de lugar, y considero además que sería ofensiva para ella. Temo, incluso, que de haberme pasado en este punto ha sido, sin duda, por el extremo contrario. Ahora bien: creo firmemente que, porque los jóvenes pueden dar mucho, se les puede exigir mucho; y creo también, a pesar de todas las apariencias, que si algo de lo que va escrito les escuece, son lo bastante hombres para encajarlo.

Hoy, cuando tanto se habla de «com-

promiso» y de «testimonio» con indudable aprecio, me gustaría ver a la gente joven nadar contra corriente, y comprometerse de verdad con su fe, y dar testimonio de Jesucristo hasta la última consecuencia. A ello tiende este libro. Comprendo que no es fácil, en los tiempos que corren, este tipo de compromiso y ese modo de dar testimonio, pero dicen que a la juventud le gusta lo difícil. Dios quiera que sea verdad.

LA PUERTA ANGOSTA

EL QUE TENGA OÍDOS
PARA ENTENDER

Al final de la parábola del sembrador hay una curiosa frase que siempre me ha llamado la atención. Dijo el Señor, al terminar de exponer su parábola, estas palabras: *El que tenga oídos para entender, que entienda* (Mt 13, 9). Esto lo dijo a todos los que le estaban oyendo; pero luego, a sus discípulos, les explicó el sentido de la parábola. Fijaos: a los discípulos, no a los demás. ¿Por qué?

Parece que si realmente tenía interés el dar a conocer su mensaje (y es de suponer que sí, puesto que para eso había venido), lo lógico y razonable era explicar con la máxima claridad las parábolas para que todos, incluso los más tardos de entendimiento, los más cortos de inteligencia, y hasta los estúpidos, pudieran enterarse de su doctrina. Y sin embargo, sólo a los discípulos les aclaraba su predicación, porque «a vosotros —les decía— se os ha dado a conocer los misterios del reino de los cielos» (Mt 13, 11); a los demás, a los que componían la multitud de los que le estaban escuchando, les deja como única explicación estas palabras: «el que tenga oídos para entender, que entienda».

No es difícil dogmatizar con aire de suficiencia acerca de autores o interpretaciones, sobre todo cuando no se es una auténtica autoridad en la materia, según estamos viendo hoy a menudo. Es, no obstante, un camino arriesgado porque se trata del Evangelio, y la Palabra de Dios no puede ser convertida en un simple objeto de ingeniosas elucubraciones intelectuales, en materia de superficiales ensayos, brillantes y problemáticos. No se trata de juzgar un texto al modo de los críticos literarios o teatrales, y aun cinematográficos, valorando una obra de acuerdo con criterios relativos y personales que tienen mucho de subjetivos. La Palabra de Dios no puede ser juzgada o criticada por hombre alguno; tampoco debe tomarse como mero pretexto para inculcar doctrinas humanas de cualquier tipo, ni necesita de nuestro ingenio para tener valor.

No. El Evangelio es otra cosa. «Todo lo que se ha escrito —decía San Pablo—, para nuestra edificación se ha escrito». Naturalmente, es superfluo que os aclare que se refería a la Escritura. Y porque fue escrita para nuestra edificación, es bueno reflexionar sobre ella porque es Palabra de Dios (y no palabrería de hombres) y, a través de ella, Dios nos habla para que seamos mejores. Por eso, vamos a intentar ahora comprender esta actitud del Señor con los discípulos y con el resto de los oyentes, porque seguramente hay en esa actitud alguna lección para nosotros. ¡Quién sabe si al comprenderle a El, será más fácil que nos comprendamos mejor a nosotros mismos!

Si ponéis atención al leer el Evangelio observaréis que al Señor solía escucharle muchísima gente: muchedumbre, gentío, multitud, esas son las palabras que suelen utilizar los evangelistas. Esta vez, sin embargo, San Mateo habla de que «se juntó alrededor de él un concurso tan grande de gentes» que se vio obligado (estaban a orillas del mar) a entrar en una barca y hablarles desde allí. La razón plausible de por qué tuvo que hacer esto cuando podía haberles dirigido la palabra con mayor comodidad desde tierra firme podéis leerla en Knox [1], si es que tenéis curiosidad por conocerla, de manera que no me entretendré en este punto que, por lo demás, es puramente anecdótico. Lo que de momento nos interesa ahora es fijarnos en ese gran concurso de gente que le oía desde la ribera. ¿Qué clase de gente?

Podríamos hacer, supongo, una clasificación en tres grupos muy desiguales. Estaban los discípulos, desde luego, formando un grupo reducido; también, probablemente, un cierto número de los escribas y fariseos, esa pequeña representación de la religiosidad oficial, registrando, midiendo y pesando cada una de sus palabras; luego, el pueblo, hombres y mujeres y muchachos, gente corriente que acudían a oír a Jesús si les caía cerca y no tenían cosa más importante que hacer, y que le oían con agrado. Claro que en este esquema sociológico caben muchos matices, subgrupos y apartados. Creo, no obstante, que en términos generales puede afirmarse así, porque lo de los discípulos es seguro, lo de los escribas y fariseos muy probable, y lo del pueblo, evidente.

[1] R. KNOX, *Tiempos y fiestas del año litúrgico* (Madrid, Rialp, 1964), 203.

Lo cual quiere decir que había unos cuantos hombres, los discípulos, que confiaban en el Señor lo suficiente para seguirle incondicionalmente, entendieran o no lo que les hablaba (muchas veces no entendían gran cosa, según consta explícitamente en el Evangelio), pero en cualquier caso dispuestos a hacer lo que les dijera. En otras palabras, *creían en El.* Otros hombres, los escribas y fariseos, ni creían en El ni le querían; le seguían, al parecer, con una intención muy poco recta, ya que no les gustaba ni lo que decía ni su manera de decirlo, y si escuchaban era sólo para contradecirle o encontrar algo de que poder acusarle; no le reconocían autoridad alguna («¿con qué autoridad haces estas cosas?») y, en principio, no estaban dispuestos a admitir de su doctrina nada que fuera distinto de sus propias ideas.

El resto, es decir, la mayoría, oía al Señor con gusto, se entretenía, admiraba su modo de hablar, se entusiasmaba, incluso en ocasiones se beneficiaba de sus milagros, y tras ello se volvía de nuevo a su trabajo, a su casa, a su vida de siempre. Esta multitud da la impresión de estar constituida por oyentes ocasionales, que no estaban seriamente interesados en su doctrina, ni dispuestos realmente a hacer gran cosa por su parte para apropiarse el mensaje que contenían las palabras del Señor.

Pues bien, sólo a una parte mínima del auditorio, precisamente a los discípulos, se les había concedido conocer los misterios del reino de Dios. Pero no prejuzguemos. Al terminar la parábola, el Señor dijo a todos (discípulos incluidos): el que tenga oídos para entender, que entienda. Es como si dijera: «Esto es lo que hay; el que quiera, que lo tome; el que no, que lo deje». ¿Por qué les iba a explicar lo que quizá no tenían interés en saber? No les insiste, no les atosiga, no intenta embutirles unas ideas. Respeta su libertad hasta un punto mucho más allá de lo que es corriente ver en los tiempos en que vivimos, en estos años en que se está constantemente hablando de la libertad y nos bombardean sin dar tregua con anuncios, slogans, tópicos y grandes y sonoras palabras, sin que uno se pueda escapar a no ser que se vaya a un monasterio aislado en algún paraje solitario.

Al terminar de hablar el Señor, sólo un pequeño grupo, el de los discípulos, tuvo el suficiente interés en sus palabras como para no dejarlas resbalar. No eran los discípulos, al parecer, demasiado inteligentes, y muchas de las cosas que Jesús decía se les escapaban. Así sucedió en esta ocasión, de modo que «preguntábanle sus discípulos qué significaba aquella parábola» (Lc 8, 9).

Me da la impresión de que si el Señor dejó colgada en el aire le frase que leímos al principio fue, precisamente, para dar lugar a cada uno de los oyentes a que adoptara una actitud: tomarlo o dejarlo, interesarse o no darle mayor importancia. Sólo el que tuviera un interés real en conocer lo que quería decir, preguntaría, pediría aclaraciones. Y por lo visto, solamente los discípulos estaban en este caso.

Ellos preguntaron, pero no al modo como solían hacerlo los escribas y fariseos, esto es, para contradecirle, o para ver la manera de envolverle y poderle descalificar a los ojos del pueblo, arrinconándole y dejándole sin saber qué decir por medio de hábiles y comprometedoras preguntas. No. Ellos preguntaron con sencillez, sin trasfondo, sin prejuicios; ellos preguntaron para aprender, no para discutir; para profundizar en su enseñanza, no para investigar si tenía puntos débiles. No hicieron de su propio juicio el criterio de verdad con el que contrastar la doctrina expuesta por el Señor. Simplemente preguntaron, se enteraron de la respuesta y tuvieron bastante materia para reflexionar una larga temporada.

Así, pues, los discípulos preguntaron la significación de la parábola, según nos aclara San Lucas. Pero San Mateo no dice exactamente lo mismo; según él. «acercándosele los discípulos, le dijeron: ¿por qué les hablas en parábolas?» (Mt 13, 10). Podéis comprobar que la cuestión que nos planteábamos al principio y que, sin duda, es un tanto desconcertante, no constituye, después de todo, una sutil novedad fruto de la mentalidad crítica de nuestra época. A los discípulos también se les ocurrió, pero en lugar de convertir la cuestión en un problema, preguntaron. Y la respuesta que recibieron a este respecto es, para todos los hombres de nuestro tiempo, y en especial para nosotros los universitarios, sumamente actual, a lo que me parece. Les dijo: «Por eso les hablo en parábolas: *porque ellos, viendo, no miran, y oyendo, no escuchan*»(Mt 13, 13).

¿Qué diferencia hay entre ver y mirar, entre oír y escuchar? ¿Y qué clase de diferencia es esa que determina una actitud tan distinta por parte de Dios? Un hombre abstraído en sus pensamientos puede estar oyendo a su lado una conversación y no enterarse en absoluto:

su atención estaba en otro lado, en otras cosas. Oía, los sonidos llegaban intactos a su oído, pero no escuchaba. Lo mismo sucede con *ver* y *mirar*. Cada uno de nosotros está viendo constantemente un montón de cosas que están sucediendo a su alrededor, y sin embargo le pasan tan inadvertidas como si no sucedieran. Sencillamente, no las mira, no pone atención a ellas. También, en este caso, está en otra cosa.

La atención, pues, es lo que diferencia el oír del escuchar, el ver del mirar. Los que viendo no miran, y oyendo no escuchan, son los que no ponen atención a lo que se está manifestando ante sus ojos o sus oídos. Hay veces en que la atención queda prendida de un modo mecánico de lo que se ve o lo que se oye: los ojos o el oído son atraídos por imágenes o sonidos gratos como un clavo es atraído por un imán. Pero este modo de mirar o escuchar es más pasivo que activo; la atención se fija porque es atraída, y la voluntad, el querer, se manifiesta negativamente no oponiéndose. Digamos que si hay atención es porque aquello nos entretiene, no porque realmente nos interese. Es lo que ocurre, me parece, con las conferencias a las que uno tiene que asistir si el conferenciante plantea la cuestión con el suficiente ingenio como para captar nuestra atención.

Pero hay otro modo de atención, el que nace no de la atracción exterior que sobre ella ejerza un estímulo adecuado, sino del libre querer. Es ese tipo de atención que se pone cuando algo nos interesa de verdad, independientemente de que nos atraiga instintivamente o no; es el caso, por ejemplo, del que se empeña en aprender inglés o alemán, no porque le divierta saber idiomas o encuentre entretenido su aprendizaje, sino porque tiene un positivo interés en llegar a saberlos. Entonces es cuando verdaderamente se muestra la autenticidad de la actitud, en el sentido de que la atención es verdaderamente la manifestación positiva de un interés real, y no una mera apariencia que no responde a lo que significa.

Para los discípulos (al menos, yo así lo veo) las palabras del Señor tenían interés, el suficiente para preguntar y enterarse de qué era lo que quería significar con ellas. Al resto de los oyentes, por el contrario, no parecía que el mensaje contenido en las parábolas le importase poco ni mucho. No hay por su parte el más leve esfuerzo, ni el más mínimo ademán que indicara un deseo de entender, ni siquiera un pequeño signo que mostrara una mente abierta a la posibilidad de que la doctrina que oían pudiera enseñarles algo. Quizá en los fariseos, que al parecer sí entendían en no pocas ocasiones (lo prueba el hecho de que le discutieran), la adopción de una postura cerrada fuera simplemente la expresión de un rechazo voluntario del mensaje de Jesús. No así en la multitud: ellos, los que la integraban, no repelían el mensaje del Señor por una deliberada determinación. Su desinterés no provenía de hostilidad, de voluntaria resistencia a dejarse penetrar por la verdad, sino más bien de superficialidad. Estaban en otra cosa. En su escala de valores en orden al interés que en ellos despertaban las cosas había muchas por delante de una doctrina religiosa, aunque se tratara precisamente de la culminación de toda la historia del pueblo al que pertenecían, de lo que constituía su razón de ser. Su atención se dirigía preferentemente a objetos más inmediatos, más sensibles; medían la importancia de las cosas por su proximidad, no por su entidad.

Así me explico que sólo a los discípulos, pero no a los demás, les fuera dado, les fuera concedido, conocer los misterios del reino de los cielos. Entre todos los oyentes ellos fueron los únicos que preguntaron al Señor, los únicos que mostraron interés por averiguar qué era lo que, en realidad, había querido decirles por medio de aquella parábola. Sólo ellos mostraron voluntad de enterarse, porque sólo ellos atendieron lo suficiente para captar la existencia de una enseñanza importante oculta en las palabras oídas.

«Todo lo que se ha escrito, para nuestra edificación se ha escrito». Me pregunto si todo ello no tendrá un valor muy actual para nosotros. Uno dirige una mirada a su alrededor y la actitud general respecto al Evangelio no parece ser la que adoptaron los discípulos, la de quienes están tan interesados como para prestar atención a la palabra de Dios, reflexionar, profundizar, indagar. Más bien me parece que, en general, se nos podría incluir en ese gran concurso de gente con una actitud más bien pasiva, que no hace mucho de su parte (si es que algo hace) por conocer y asimilar el Evangelio. No porque lo rechace, desde luego, ni porque carezca de buena voluntad, sino por superficialidad. Una superficialidad, me parece, que en algunos proviene de la convicción de que saben cuanto hay que saber, razón por la cual no se les ocurre pensar, leer o preguntar nada al respecto; otros porque, sencillamente, no tienen tiempo, ya que lo emplean todo en una atención desparramada en asuntos cotidianos, a los que dan gran importancia porque son sensibles e inmediatos, y relegan al último lugar —a ese lugar para el que nunca queda tiempo— lo único que de verdad tiene importancia decisiva; otros, finalmente, porque la idea que tienen de lo que se les enseñó en la niñez es tan pobre que no piensan ni por asomo que pueda haber en ello algo por lo que valga la pena molestarse.

Superficialidad por vanidosa autosuficiencia, superficialidad por pura comodidad, superficialidad por prejuicios. No encuentran en el Evangelio (¿o quizá debiera decir «no encontramos»?) esa atracción, ese estímulo que capte el interés y despierte la atención. Pero el Señor *despertaba* interés, *captaba* la atención, y sin embargo, sólo unos pocos *quisieron* aprender su doctrina, sólo unos pocos mostraron voluntad de seguir adelante.

Pienso que querer es algo muy importante. Si reflexionáis en ello llegaréis probablemente a la conclusión de que un hombre puede hacer mucho por otro. Puede hacerlo casi todo, desde pensar por él hasta resolverle la vida. Pero hay una cosa, una sola, que nadie puede hacer por otro: querer. Aquí es donde cada uno se encuentra en absoluta soledad, donde nadie puede esperar nada de otros porque se trata del acto más puramente personal, de la más genuina manifestación del yo en lo que tiene de único. Ahora ya no se trata de ser captado o arrastrado por estímulos exteriores a los que uno no se opone (el oponerse sería ya un acto de voluntad); por el contrario, se trata de la realización del acto más propiamente humano de todos, de la decisión libre de la voluntad como consecuencia de un imperativo de la razón. Un hombre sabe lo que hay que hacer, y lo hace. Y no es arrastrado ni conducido por otro estímulo que no sea la rectitud de la razón y la firmeza de la voluntad.

El Señor hizo y dijo cuanto tenía que hacer y decir; la Iglesia ha guardado y enseñado, con escrupulosa fidelidad y sin alteración, sus palabras. A nosotros nos queda por hacer la segunda parte. Hasta ahora nos hemos parecido más, me temo, a esa multitud indiferenciada para quienes lo importante (según se muestra por sus vidas) no era el Señor, ni sus palabras, sino otras cosas más tangibles e inmediatas y, sobre todo, más entretenidas. Y esto es lo que más asusta del mundo de hoy, de muchos hombres de hoy: tener la Palabra de Dios, la salvación, al alcance de la mano y no hacer el más mínimo esfuerzo por aprehenderla, por conocerla, por asimilarla, por convertirla en vida.

Nosotros, como aquel gran concurso de gentes, estamos viendo constantemente, pero no miramos, me parece. Oímos de continuo (¿ha hablado la Iglesia alguna vez en un tono tan alto, tan claro y tan angustiado como hoy lo hace por boca de Paulo VI?), pero no estamos escuchando. Como la multitud en tiempos del Señor, nosotros también estamos en otra cosa, en otras cosas, también más tangibles, más inmediatas, más entretenidas. No es la atención a verdades profundas lo que caracteriza al hombre contemporáneo; más bien parece lo contrario, como si su actitud psicológica fuera precisamente evitar, a fuerza de desparramar la atención en mil cosas distintas (que con frecuencia son valores insustanciales), el tener que fijarla en el mensaje de Dios, como si procurara soslayarlo volviendo la cabeza al otro lado para no verse en la tesitura de enfrentarse con él. Que ello sea consecuencia de la ignorancia, de la superficialidad, de los prejuicios o del cálculo, no es cosa que afecte al hecho en sí.

En cuanto a nosotros, los que nos confesamos cristianos... Quizá podáis apreciar el interés que tenemos por la Palabra de Dios, por el mensaje de salvación, a través del interés que vosotros mismos experimentáis, sobre todo si lo comparáis al que sentís por cosas mucho menos importantes y, desde luego, nada decisivas. Pero yo creo que damos también la impresión, como la mayor parte de los que oyeron a Jesús, de que *no* estamos seriamente interesados, de que *no queremos* interesarnos. ¿O sí queremos? Quizá pueda servir de piedra de toque esta reflexión: «Me dices que sí, que quieres. Bien, pero ¿quieres como un avaro quiere su dinero, como una madre quiere a su hijo, como un ambicioso quiere los honores o como un pobrecito sensual su placer? ¿No? Entonces no quieres» [2].

Bien, yo termino aquí. Cada uno de vosotros puede pensar un poco en todo lo que va dicho, si es que ello le sugiere algo. Pero, en cualquier caso, piense o no, las palabras del Señor quedan en el aire como una llamada, como una invitación, como una advertencia: *El que tenga oídos para entender, que entienda.*

[2] J. Escrivá de Balaguer, *Camino,* núm. 316.

LA PUERTA ANGOSTA

Creo que todos conocéis esa expresión utilizada por los teólogos para designar la situación del hombre sobre la tierra: *status viatoris* la llaman, estado de caminante. Somos —dicen— unos simples transeúntes que se dirigen a una meta.

Y también creo que no es necesario un esfuerzo mental excesivo para percibir, al menos en sus rasgos más generales, que esa situación de provisionalidad que es la vida del hombre sobre la tierra es un hecho casi evidente por lo que respecta a la condición personal de cada uno de nosotros. Hubo un tiempo en que no existíamos, y la historia se iba desarrollando como siempre a pesar de nuestra no existencia. Nadie nos echó de menos, ni nadie podía hacerlo. Dentro de algún tiempo (si mucho o poco, no importa: siempre es muy poco, apenas un soplo) ya habremos muerto, y podéis tener la completa seguridad de que no pasará nada. La vida de la humanidad seguirá más o menos como siempre y, excepto muy pocas personas (y por muy poco tiempo), nadie nos echará de menos.

Eso es, pues, en cierto aspecto y vistas las cosas en conjunto, lo que somos al pasar por la tierra: como un pedazo de tiempo que comienza, dura un poco y se acaba; un recorrido que se inicia con el nacimiento, se realiza a lo largo de la vida y termina con la muerte.

La primera consecuencia que de ello se desprende, si nos ponemos a reflexionar, es que esta temporalidad del hombre es un hecho, no una teoría; un hecho que no depende de nosotros y que nosotros no podemos modificar. Y este hecho nos lleva a una conclusión: no somos unos seres independientes. No dependió de nuestra voluntad el nacer, y nacer precisamente en una época de peculiares características, y de unos padres concretos, y nacer con unas cualidades determinadas. Y no depende tampoco de nuestra voluntad la muerte: ésta se producirá inevitablemente, nos guste o no, queramos o no queramos. Independientemente de nosotros, y antes de que fuéramos, existe una realidad en la que, al nacer, fuimos insertados; una realidad que podemos reconocer, aceptar, negar, ignorar o combatir, pero de ningún modo eliminar, porque es anterior e independiente de nuestra voluntad y está fuera de nuestras posibilidades. Cuando un hecho se ha producido, nada ni nadie puede evitar que se haya producido tal y como se produjo. Y el hombre, quiéralo o no, es una criatura, un ser creado con inteligencia y libertad, y con un destino que, inteligentemente y libremente, debe alcanzar.

Este destino es la meta y está al final del camino. No en el camino, sino al final, cuando el camino se acaba y ya no hay camino. Por eso es meta. Un destino, por tanto, que no está en el tiempo, sino fuera del tiempo, al fin del tiempo de cada uno; no en esta vida, que es el camino, sino más allá, al final de la vida sobre la tierra. La plenitud, en efecto, a que todo ser racional tiende como consecuencia de la ordenación de Dios, sólo después de la muerte puede alcanzarse, cuando todas las limitaciones humanas han quedado atrás.

Pero que el hombre esté destinado a

una meta gloriosa, tan gloriosa que «ni ojo humano vio, ni oído oyó, ni hay entendimiento capaz de concebir lo que Dios tiene preparado a aquellos que le aman», no quiere decir que tenga *necesariamente* que alcanzarla. La alcanzará *si quiere*, y no la alcanzará si no quiere. San Agustín lo expresó con concisa claridad cuando escribió que «Dios, que te creó sin ti, no te salvará sin ti».

La vida, pues, ese tiempo de existencia en la tierra, es la oportunidad que se da a cada hombre llamado a ser para que, como tal hombre —es decir, inteligentemente y libremente—, se labre su propia eternidad, para que acepte el destino para el que ha sido hecho o para que lo rehúse a cambio de otro forjado por él mismo. Y las condiciones de toda existencia están de tal manera establecidas que es preciso definirse. La elección es inevitable. Hay dos términos entre los cuales el hombre tiene que decidir necesariamente, dos términos que se excluyen mutuamente: Dios y uno mismo. Afirmar a Dios significa negarse uno mismo; por el contrario, la afirmación del yo significa la negación de Dios. Uno es libre y puede elegir, y Dios, que nunca se vuelve atrás de sus propias obras, respeta la libertad del hombre y le deja con lo que libremente ha elegido, con lo que ha querido para sí mismo.

Al final de nuestro camino en el tiempo está la muerte, que es la puerta abierta para la eternidad, y entonces ya no hay más tiempo. No hay, por tanto, posibilidad de cambio, porque ya no hay antes y después. Cada uno se habrá quedado, entonces, con aquello que hubiere elegido: si a Dios, con Dios, se quedará por toda la eternidad y habrá alcanzado la meta que buscaba y por la que trabajó: tendrá a Dios, y además se habrá encontrado a sí mismo de un modo tan pleno como sólo en Dios puede encontrarse. Pero si uno se elige a sí mismo, y persiste en su elección a pesar de todos los llamamientos de Dios, de todas las oportunidades que, una tras otra, le ofrece continuamente para que rectifique su equivocada elección, entonces ése habrá conseguido también lo que buscaba: la frustración, una eternidad sin Diòs y a solas consigo mismo, lo cual equivale a decir que ni siquiera a sí mismo se habrá encontrado, porque se habrá perdido.

Hay, pues, dos caminos —y sólo dos— por los que uno puede discurrir a lo largo de su existencia en la tierra, y todos los senderos se acaban resolviendo en uno u otro. Hay un camino estrecho, el de la negación de uno mismo, y un camino ancho, el de la afirmación del yo; una puerta angosta, que es Cristo Jesús («Yo soy la puerta. El que por mí entrare se salvará») y una puerta espaciosa, «el príncipe de este mundo», incompatible con Cristo, opuesto a Cristo. Un camino estrecho y un camino ancho: «y son muchos los que andan por él». Lógico. Es mucho más fácil.

Creo que algo de esto puede deducirse del Evangelio, en el que por dos veces se alude a la puerta angosta. En una ocasión Jesús empleó esta expresión para responder a una pregunta indiscreta (si no impertinente) que le hizo uno del auditorio: «Señor, ¿es verdad que son pocos los que se salvan? El, en respuesta, dijo a los oyentes: Esforzaos por entrar por la puerta angosta, porque os aseguro que muchos buscarán cómo entrar y no podrán». Así lo trae San Lucas (13, 23-24). San Mateo, en cambio, la menciona en un texto que incluye como parte del sermón de la montaña, y lo podéis leer en 7, 13 y 14.

Es muy significativa, me parece, esa parte que dice que «muchos buscarán cómo entrar y no podrán». No dudo de que, en principio, todos sin excepción puestos a elegir entre plenitud o frustración, gloria o infierno, salvación o condenación, amor u odio, quieren la plenitud, la gloria, la salvación y el amor. No es siquiera concebible, racionalmente hablando, que haya quien de modo deliberado elija la frustración, la condenación, el infierno y el odio (¡y por toda la eternidad!), pues el mal puro y desnudo nunca puede ser objeto de la voluntad, del querer del hombre.

Sólo que esto no nos sirve de mucho, quiero decir, el querer algo teóricamente y en principio. Si miramos las cosas, no como una pura teoría, sino con referencia a la vida, quizá sea posible entenderlo mejor. Si un universitario quiere ser médico no se matricula en Filología románica, porque lo que necesita estudiar para saber medicina no es Gramática histórica o Crítica literaria, sino otras materias que no se enseñan en la Facultad de Letras. En realidad si un estudiante se matricula en Filología Románica está demostrando que lo que de verdad quiere es ser filólogo, no médico, a pesar de cuanto diga, porque lo que realmente muestra el objeto que se persigue, lo que uno quiere, no es lo que dice, sino lo que hace.

Y ello es así porque cuando se quiere algo hay que elegir los medios adecuados.

No cualesquiera medios, sino precisamente los que conducen a lograr la meta que uno busca, el objetivo que uno quiere alcanzar. De aquí resulta que mirando los medios que un hombre emplea se puede colegir la meta que persigue. Si uno dice que quiere ir a su propio hogar y deliberadamente elige el camino que conduce a la casa de su enemigo, lo que sin duda está queriendo realmente es ir a donde, según dice, no desea. Y si la razón que da para ello es que tal camino resulta mucho más cómodo, entonces lo que de verdad quiere es el camino, sin que el final a donde le conduzca le importe un bledo.

Camino ancho, camino estrecho. Bueno, no es muy difícil ver que, en efecto, son muchos los que andan por el camino ancho, a pesar de que es el camino —dice el Evangelio— que conduce a la perdición. Claro que, por otra parte, y sobre todo en el mundo de hoy, que afirma con tanta fuerza (Concilio Vaticano II inclusive) al hombre, su dignidad y sus derechos, la expresión «niéguese a sí mismo» —la primera condición que el Señor exigía de sus discípulos— no resulta muy inteligible para el gran público. Es la afirmación del hombre lo que hoy se busca. «Encontrarse a sí mismo» es un objetivo de no pequeña parte de la gente joven, de esa parte que no acaba de centrarse y cuya actitud ha dado lugar a que se hable de conflictos generacionales y a algunos de los más curiosos modos desarraigados de vida.

Quizá aquí sea conveniente aclarar los conceptos. En general, lo que no se aprende no se sabe, y hay expresiones cuyo sentido es fácilmente captado por quienes están familiarizados con las verdades a que se refieren, pero que pueden resultar ininteligibles, confusas o escandalizantes para quienes apenas han tomado contacto con ellas.

El hombre, si se me permite expresarlo así, estropeó el designio de Dios por el pecado. Dios lo creó a su imagen y semejanza y, en el plan de Dios, la trayectoria que debía constituir su paso por la tierra era, en verdad, muy distinta de lo que es ahora. Por tanto, el nacimiento en pecado de todo hombre es el nacimiento del hombre con un falso yo, por utilizar una expresión de Merton. No con el yo que Dios dispuso para él, sino con el yo que el pecado le imprimió. Se nace, pues, como alguien que nunca estuvo destinado a ser: algo así como la falsificación de uno mismo, la imagen deforme de lo que en la mente de Dios debe ser y es cada uno. Es, podríamos decir en términos teológicos, el *hombre viejo* de que habla San Pablo, ese ser falsificado que debe dejar paso al *hombre nuevo* que responde a la auténtica imagen de Dios, una vez que ha sido despojado de toda falsedad.

Cuando los jóvenes de hoy, universitarios, obreros o *hippies*, buscan encontrarse a sí mismos creo que están procurando algo verdaderamente importante, aunque quizá lo hagan oscuramente y sin saber cómo o por dónde se van a encontrar. Encontrar el propio yo constituye, sin duda, una tarea seria y un objetivo por cuya consecución merece la pena luchar. No en el objetivo, sino en el camino que se sigue para conseguirlo, es donde se muestra la radical diferencia no tan sólo de la actitud inicial, sino incluso de la finalidad que en realidad se busca. «Aquellos que no saben nada de Dios —escribía Merton— y cuya vida está centrada en sí, imaginan que sólo pueden hallarse a sí mismos afirmando sus propios deseos, ambiciones y apetitos en lucha con el resto del mundo. Intentan llegar a ser reales imponiéndose a otros, apropiándose una parte de la limitada provisión de bienes creados, y subrayando así la diferencia entre ellos y los demás hombres que tienen menos que ellos, o nada».

La afirmación de uno mismo equivale a la afirmación del falso yo, a la afirmación del hombre viejo. Merton describe un modo, quizá el más evidente en esta sociedad de consumo de hoy, de afirmación del yo, pero hay otros. En todos ellos, sin embargo, lo que hay de común consiste precisamente en acentuar la personalidad levantando barreras de contrastes, de distinciones que diferencien de los demás a uno mismo. Se busca la singularidad: éxito, poder, riqueza, o experiencias nuevas, nuevos modos de vida que contrasten como un desafío, hasta drogas y peculiares modos de vestir que griten que uno no es como los demás, que no es convencional, que es auténtico, que no tiene por qué sujetarse a formas preestablecidas hechas por otros.

Es en vano. Todas esas formas no tienen por qué hacer más rico a un hombre, pero pueden irle empobreciendo y vaciando paulatinamente. Así tiene que ser, pues al volcarse sobre cosas inanimadas y carentes de sentido en sí mismas, éstas empobrecen al hombre y lo dejan hueco, vacío y sin nada por lo cual valga la pena vivir. Hay un tipo de personas, triunfantes o no, que dan la impresión de estar anestesiando su alma a toda costa, o vertiéndose en cosas que pasan o buscando cualquiera de los modos de evasión más a su alcance (alcohol, sexo, drogas o teorías). En cuanto a la gente joven que pretende encontrarse a sí misma en la búsqueda de experiencias nuevas, o intenta afirmarse en actitudes de rebeldía o exasperación por pequeños motivos (que a ellos les parecen grandes), a veces produce inmensa tristeza, sobre todo cuando a los veinte o veintidós años (y aun antes) han agotado todas las experiencias y han perdido todas las ilusiones, convertidos en viejos prematuros, con una vida estéril que no sirve para nada porque no le sirve a nadie.

Por paradójico que pueda parecer, no es el camino ancho, la afirmación del yo, el que permite que uno se encuentre a sí mismo, que realice plenamente su propio ser personal. Es el camino estrecho, la negación de uno mismo que es la afirmación de Dios, porque sólo por este camino estrecho y por la puerta angosta —por Cristo Jesús— es por donde se puede llegar a la muerte del hombre viejo, del falso yo, y al nacimiento del hombre nuevo, del yo auténtico. Podría resumirse lo que quiero deciros en unas breves palabras de *Camino:* «Nosotros somos piedras, sillares, que se mueven, que sienten, que tienen una libérrima voluntad. Dios mismo es el cantero que nos quita las esquinas, arreglándonos, modificándonos, según El desea, a golpe de martillo y de cincel. No queramos esquivar su voluntad, porque, de cualquier modo, no podremos evitar los golpes. Sufriremos más e inútilmente y, en lugar de la piedra pulida y dispuesta para edificar, seremos un montón informe de grava que pisarán las gentes con desprecio» (n. 756).

Y ello es así porque la vida se compone de una continua y constante sucesión de elecciones: senda estrecha o camino ancho, afirmación de Dios o afirmación de uno mismo, el deber difícil o la cómoda evasión, la dureza de la lucha o la *dolce vita*, el deslizamiento hacia lo fácil. Y en cada momento, en cada situación, en cada uno de nuestros actos, uno tiene que decidirse por un camino u otro, por lo fácil o por lo difícil.

Pues bien: de la elección que se hace una vez tras otra depende el rumbo que, imperceptiblemente, va adquiriendo la vida, al mismo tiempo que la configuración que el propio ser de cada uno va tomando. O, por expresarlo como Merton, cada acontecimiento de la vida, cada uno de los momentos de que se compone la existencia, planta una semilla en el alma del hombre. Unos —creo que en realidad muy pocos, por desgracia, aunque pudieran ser muchísimos— son capaces de acogerla y arroparla hasta que se desarrolla y da fruto; pero en la mayoría, me parece, esas semillas quedan infecundas. Mueren por abandono, o quizá son rechazadas, repelidas por un interior duro o disipado a quien sencillamente no interesa este tipo de riqueza. Así, interiormente, cada hombre se va haciendo o se va deshaciendo, se enriquece o se empobrece paulatinamente: todo depende de su actitud interior, de su reacción ante las cosas y los acontecimientos. Cuando se elige el camino estrecho, cada negación de uno mismo ayuda a fortalecer el verdadero yo, la auténtica personalidad; cada paso por el camino ancho añade una nueva falsedad al propio yo, porque es un nuevo alejamiento de la auténtica imagen de Dios que cada uno es, *quiéralo o no*.

Porque las cosas y los acontecimientos, todo ese conjunto de seres y hechos con que constantemente estamos rozando, exigen de nosotros una respuesta. Son como esos golpes de cincel y martillo, duros y dolorosos a veces, suaves y blandos otras, y de nuestra actitud, de nuestra reacción depende que en cada ocasión nos desprendamos de un pedazo del falso yo o, por el contrario, vigoricemos un poco más nuestra falsedad congénita. Una respuesta adecuada en el momento preciso puede encarrilar la vida de un hombre; una elección equivocada (aunque cómoda) puede, por el contrario, convertir el resto del camino en una pendiente resbaladiza, donde apenas se puede afianzar el pie. Y cuando se llega al final del camino y se dirige la mirada sobre el trayecto recorrido, no es un montón de ruinas que a nadie han servido lo que, a buen seguro, nos agradará haber dejado atrás.

Y pienso que hoy es muy importante, quizá más ahora que en otros momentos más apacibles de la historia de la humanidad, que vosotros sepáis a qué ateneros en este punto. Estamos viviendo el desmoronamiento del mundo moderno, nacido en el Renacimiento y agotado ya definitivamente, al tiempo que experimentamos los dolores que acompañan a todo alumbramiento.

Hoy parece que la juventud que grita y se mueve tiene grandes ideales y persigue metas de gran altura y ambición. Cambiar las estructuras, hacer otro mundo (por supuesto, mejor que el que tenemos) más justo, menos hipócrita, más desinteresado. No un mundo feliz como el descrito por Aldous Huxley, sino más humano, más cordial. Es —o, al menos, parece— la gran meta de la gente joven.

Pero ¿y el camino? ¿Cuál es el camino que ha emprendido para alcanzarla? Se trata, fijaos bien, de construir. Nada se hace solo. Y construir cuesta esfuerzo, requiere tesón, necesita la inteligencia. Es un camino estrecho. Nunca se construye nada derribando o destruyendo, pero esto, hay que reconocerlo, es más fácil, más rápido, más cómodo y requiere menos (o ninguna) inteligencia. Es un camino ancho, a cuyo final sólo se encuentra un montón de escombros o de ruinas que ni siquiera puede cobijarnos. Sustituir algo por nada sirve para poco; un barracón, por malo que sea, es todavía mejor que la intemperie. Pero todo trabajo constructivo es ya una corrección de abusos, porque está mostrando un camino mejor por el que ya se ha comenzado a andar.

Sobre vosotros gravita la responsabilidad (una parte, al menos) de *hacer* ese mundo que está naciendo más justo, más humano, más cordial. Sois los instrumentos que deben edificar esas nuevas condiciones de vida en las que tendrán que desenvolverse vuestros hijos (confío en que no seáis de los que se interesan

más por las ideologías que por las personas). Pero sólo aquellos de vosotros que
sean capaces de elegir consciente y deliberadamente el camino estrecho —el deber difícil en lugar de la evasión fácil—
a sabiendas de lo que supone, serán los
que construyan.

Un camino que recorrer, una oportunidad para lograr la plenitud o la frustración, para construir o destruir; un
plazo de tiempo improrrogable y una
elección en vuestras manos. Pero no os
olvidéis de que en esta única oportunidad
uno se lo juega todo, aquí y allá, respecto
al camino y respecto a la meta.

CON TODA TU MENTE

En San Mateo, 22, 24-27, se lee lo siguiente: «Pero los fariseos, informados de que había tapado la boca a los saduceos, se mancomunaron; y uno de ellos, doctor de la Ley, le preguntó para tentarle: Maestro, ¿cuál es el mandamiento principal de la Ley? Respondióle Jesús: Amarás al Señor Dios tuyo con todo tu corazón, con toda tu alma y con toda tu mente».

Es fácil observar que en esta ocasión, como en tantas otras, no había buena fe por parte del que preguntaba. No era una pregunta formulada para saber, sino para tentar. No una pregunta para aprender algo sobre ella, sino una pregunta hecha con el fin de ver si ponía a Jesús en una situación comprometida. No era, pues, una pregunta sincera. Pero sí lo fue la respuesta, dada clara y directamente como si no hubiera una oculta intención en el que la hacía. Y esta respuesta, generalmente conocida, creo, por todos vosotros, es la que contiene unas palabras cuya consideración estimo de gran interés para los católicos de hoy, y sobre todo para los universitarios: ellos trabajan con la mente.

«Amarás al Señor Dios tuyo con todo tu corazón, con toda tu alma y con toda tu mente». *Con toda tu mente.* ¿Qué quiere decir amar a Dios con toda la mente? Ignoro si os lo habéis preguntado alguna vez, pero en cualquier caso quizá no sea del todo inútil reflexionar algún tiempo sobre ello porque, a juzgar por lo que se ve, me temo que en este punto alguna clarificación puede ser conveniente.

Comencemos haciéndonos una pregunta: ¿se puede amar lo que se ignora? ¿Se puede querer lo que no se conoce? La respuesta que dan los filósofos es negativa: sólo se puede querer lo que se conoce de algún modo. Conocer y querer, conocer y amar, pues, están unidos por un vínculo que, con relación al acto de la voluntad, lo hace en cierto modo dependiente de la razón. De aquí parece deducirse sin gran esfuerzo que cuanto más profundo es el conocimiento más profundo es el amor. Dicho en otras palabras: de cómo sea el conocimiento que tengamos sobre algo depende la actitud de la voluntad hacia ese algo. Si la mente se equivoca y presenta como bueno algo que en realidad no lo es, pone a la voluntad en la tesitura de hacer una pésima elección adhiriéndose a lo que es malo, pero que al serle presentado como bueno lo acoge de buen grado. Por el contrario, si la mente acepta erróneamente como malo lo que es bueno, y lo muestra así a la voluntad, ésta lo puede rechazar por la calidad de no-bueno con que se le presenta. Así, la importancia de que los conocimientos que se poseen sean verdaderos se hace evidente, pues de ello depende el acierto de toda elección y, por tanto, el pleno ejercicio de la libertad.

La razón, pues, tiene una función rectora, como de gobierno, en ese complejo ser que es el hombre, y la tiene en tal grado que la conducta que éste observe en la vida, la actitud que adopte ante Dios, ante el mundo y ante los demás hombres, depende en no pequeña medida de las ideas que tenga. Y estas ideas, por lo general, el hombre las aprende, no las inventa, sobre todo tratándose de la revelación, del mensaje de salvación de Dios a los hombres.

Habréis observado, sin duda, que la revelación no fue dada por Dios a los hombres de golpe, de una sola vez. ¿Cómo podría haberlo hecho, siendo Dios? Cuando el pueblo elegido salió de Egipto apenas era una horda —ni siquiera pueblo— incapaz de comprender hasta lo más elemental y sencillo del mundo sobrenatural, y darle entonces la plenitud de la revelación hubiera sido como cargarle con un peso muy superior a sus fuerzas. Con una paciencia infinita y a lo largo de siglos, primero por medio de Moisés, luego a través de los profetas que suscitó después de él, Dios fue preparando las mentes para que, al llegar a la plenitud de los tiempos, aquel pueblo que El había seleccionado estuviera en condiciones de reconocer a su enviado y captar su mensaje de redención. Incluso es posible en el Evangelio, a través de las palabras de Jesús, captar estos distintos momentos de enseñanza gradual, de menos a más. Al comenzar su predicación, el Señor se refiere a la antigua Ley («Habéis oído que se os dijo...») y recuerda el precepto: «Amarás a tu prójimo y tendrás odio a tu enemigo»; al cabo de los siglos estaba ya aquel pueblo en condiciones de dar un nuevo paso, y Jesús, que había venido a dar cumplimiento y plenitud a la Ley («... pero yo os digo») abre un nuevo horizonte y la completa: «Amad a vuestros enemigos, haced bien a los que os aborrecen, orad por los que os persiguen y calumnian...».

Es condición de la naturaleza humana el tener que acceder a la verdad de modo gradual y progresivo, y ello tanto con relación al hombre como con relación a la materia. En cuanto a lo primero, es evidente que el aprendizaje debe acomodarse al desarrollo físico y mental, pues no es la misma la inteligencia de una persona a los seis años que a los treinta; en cuanto a lo segundo, parece que no es posible que pueda llegarse al conocimiento de lo complejo si se ignoran las nociones más elementales.

Con estos prolegómenos creo que podemos enfrentarnos con la cuestión principal. ¿Qué debemos entender en la expresión «amarás a Dios con toda tu mente»? ¿Qué nos quiere decir el Evangelio con ella?

No creo ser capaz de dar una respuesta segura y contundente. Sería, me parece, asumir el papel de la Iglesia, única que puede explicar el sentido exacto de las palabras de Jesús sin riesgo de error. Por otra parte, es indudable que en tales palabras hay una enseñanza para todos nosotros, una enseñanza que no se limita simplemente a la esfera intelectual, sino que afecta sobre todo a la vida. Y la reflexión sobre estas, o sobre otras cualesquiera, palabras del Evangelio suele ser el camino de profundizar en el mensaje de salvación.

Sólo que esa profundización o, si queréis, ese conocimiento, está en relación con el desarrollo mental de cada uno. No puede ser el mismo el libro de geometría que se da a un niño de once años que comienza el bachillerato que el texto que debe estudiar un universitario de tercero o cuarto de Matemáticas. La inteligencia, eso es evidente, ha experimentado un notable desarrollo entre los once y los veinte años, y a un niño le viene tan grande el texto que utiliza un estudiante de Matemáticas como al universitario le queda pequeño el que dan a un niño de once años.

Ahora bien: cuando un niño va a hacer la primera comunión se ha aprendido el catecismo de la doctrina cristiana, pero sin letra pequeña. Entonces resulta que este niño tiene un conocimiento de Dios y del mundo sobrenatural por completo adecuado a su desarrollo mental; sabe cuanto hay que saber a su edad acerca de las verdades fundamentales, y las sabe del modo más completo de que es capaz. Y lo que es más, ese conocimiento está al nivel de sus conocimientos humanos. No hay desproporción entre lo que sabe de Dios y lo que sabe de los hombres o de las cosas, ni tampoco en el modo como las sabe. Tengo para mí que este niño ama a Dios «con toda su mente», pues el conocimiento de Dios que posee ocupa toda su capacidad. Su conocimiento de Dios y del mundo sobrenatural es pleno si atendemos a su desarrollo mental.

A medida que la inteligencia se va desarrollando crece la ciencia acerca del mundo y de la vida. Un adecuado programa de estudios va ampliando progresivamente el horizonte intelectual, mientras el normal crecimiento biológico y psíquico, la vida de relación y los acontecimientos de cualquier especie que llegan a él, van modelando su mente con las ideas que en los libros, el cine y la televisión, las lecturas, las conversaciones y la experiencia, adquiere. Normalmente, y por lo que respecta a los estudios, es decir, al procedimiento más usual y eficaz de adquirir conocimientos, se sigue un plan en el que se tiene en cuenta el desarrollo mental, la base adquirida y la importancia de las materias: todo lo contrario de la anarquía. Crece la inteligencia, crece la experiencia, crecen los conocimientos del mundo y de las cosas. ¿Crece, también, a compás con el desarrollo de la mente, el conocimiento de Dios y del mundo sobrenatural?

A mi juicio, y según se observa en la Universidad (y fuera de ella), la respuesta es no. El conocimiento que el universitario medio tiene de su propia fe está notoriamente en un nivel inferior a su capacidad intelectual y a sus conocimientos humanos, y ello incluso en no pocos de los que están en lo más alto de la escala. No es infrecuente el caso del científico que lo sabe todo, o casi todo, acerca de la disciplina a que se dedica, y nada, o casi nada, de la fe que profesa. La observación es de un sociólogo, D. Oberndörfer [1], pero es un hecho fácil de comprobar tan pronto la conversación se centra en estos temas.

Por lo general, un universitario (al menos, en España) tiende a persuadirse, sobre todo si ha estudiado el bachillerato en un colegio de religiosos, de que acerca

[1] DIETER OBERNDÖRFER, *La soledad del hombre en la sociedad norteamericana* (Madrid, Rialp, 1964).

de su religión lo sabe todo, porque al aprender los artículos de la fe de modo concreto y definido tiene la impresión de que no hay más horizonte. Y en cierto aspecto acierta, pues los dogmas son pocos y por este lado el horizonte no es ampliable: la revelación quedó completa al morir el último de los apóstoles. El error está, por una parte, en que no se trata de la *cantidad* de verdades de la fe que se posean, sino del *modo* como esas verdades son poseídas por cada uno; por otra, de la conexión de tales verdades con la vida, pues la revelación no es un simple sistema especulativo, sino la expresión de realidades que afectan al ser personal de cada hombre, al mundo que le rodea y en el cual vive, y a su destino último y definitivo.

En cuanto a lo primero, es decir, en cuanto al *modo* con que las verdades de la fe son poseídas, debemos recordar lo que antes quedó apuntado: sólo cuando el conocimiento de Dios y de la revelación está al nivel del desarrollo de la mente y del grado alcanzado por los conocimientos humanos, uno está cumpliendo el precepto (si así se le puede llamar) de amar a Dios con toda su mente. Pero en el caso del universitario medio esto no se cumple, porque el saber religioso se suele detener a los trece o catorce años (no es muy frecuente el caso del que, a partir de esta edad, sigue leyendo libros de tipo religioso adecuados a sus condiciones), en tanto que el crecimiento de la mente y la dedicación a los estudios prosigue. El resultado está a la vista: a los veinte o veintidós años (y siguientes) se sigue discurriendo en lo que respecta a la fe con los conceptos que corresponden a un niño de doce años. No se ha aprendido nada desde entonces, pero en cambio se han olvidado algunas cosas. En estas circunstancias sucede (y en tiempos críticos como los de hoy es lo más corriente) que al querer resolver un problema de fe con los conocimientos infantiles que se conservan, uno encuentra ridículos los argumentos (por infantiles) y lógico el problema (que sí que corresponde a una mentalidad y a unos conocimientos desarrollados). Particularmente soy de opinión de que un porcentaje muy alto de las crisis de fe que se dan entre universitarios (me refiero a las crisis honradas, no a las otras) tiene su raíz en la ignorancia en que se han venido manteniendo respecto a su fe, mientras progresaban todos los demás conocimientos y experiencias. Es un fruto del subdesarrollo de los conocimientos religiosos.

Y no creo que se pueda alegar como contrapartida las clases de religión o de teología en la Universidad. Dejando aparte su eficacia, si es que alguna tienen, no interesa tanto subrayar las clases (y han cambiado notablemente en su planteamiento, modo de darlas y materias que tratan, al menos en algunas Universidades) como la *actitud* de los que asisten. La revelación no es una filosofía. No es algo que deba ser aprendido simplemente como un conocimiento más. O se intenta vivirlo o no se entiende en absoluto, y con ello quiero decir que no es posible una profundización, una comprensión del Evangelio, a no ser que se esté dispuesto a realizarlo en la propia vida personal. Cuando esto no ocurre (y es lo más corriente), la religión (es decir, la relación con Dios nacida de la fe en la revelación) anda separada de la vida, sin que la influya, a no ser en la realización de algunas prácticas que, al cabo, aparecen desprovistas de sentido y hasta de fundamento. La religiosidad, entonces, es puramente exterior y da lugar al fariseísmo. Y como al universitario —al joven, al estudiante—, le repugna ser fariseo, y su conocimiento de la fe es superficial e insuficiente, adopta lo que él llama una actitud de autenticidad y deja de practicar y hasta de ocuparse de tales cosas. El entusiasmo con que en estos casos se adhieren a ideales humanitarios, a una especie de lucha contra la pobreza, la injusticia, el hambre, la guerra, a una suerte de cruzada filantrópica y altruista, es en parte —o quizá debiera decir: en algunos— un a modo de sustitutivo de la fe abandonada, ya que no (al menos, así lo espero) perdida. La cosa es peor cuando uno se siente liberado de trabas y se dedica a vivir según la carne, ahogando el espíritu. Y tiene difícil remedio cuando se erige la propia inteligencia en medida de las cosas y se hace del propio pensamiento criterio de verdad, porque entonces uno es capaz de llegar, en su ceguera, a declarar a Dios culpable antes que admitir sus propias equivocaciones, o su clara limitación, o su notoria negligencia.

Quizá me estoy expresando de una manera confusa. Lo que quiero decir es lo siguiente: estamos sometidos a una presión constante por el continuo bombardeo de ideas que nos llegan a través de los periódicos, la radio, la televisión, los ensayos, las novelas, el cine, el teatro, los libros, las costumbres, el ambiente, exactamente lo mismo que un buceador sufre la presión del agua por todas partes. Ahora bien: todas esas ideas que nos llegan, o al menos una gran mayoría, por lo general, no sólo no llevan a Dios (a no ser excepcionalmente y por pura reacción), sino que tienden a ocultarlo. Y frente a todo ese aluvión ¿cuál es la defensa con que suele protegerse la fe? Una mente que se está nutriendo habitual y constantemente de ideas, conceptos y criterios al margen o en contra del Evangelio, ¿qué probabilidades tiene de mantener la fidelidad a la fe de Cristo, si comienza por no conocerla apenas?

De hecho, me parece que no entraña gran dificultad la comprobación, en católicos, de inteligencias no católicas, es decir, de católicos que piensan en muchas materias de modo no conforme, o contrario incluso, a la fe que, por otra parte, confiesan abiertamente, o al menos que nunca han negado de manera explícita. Supongo que algo de esto quería expresar Knox (si fue él quien lo dijo, como creo) cuando escribió que una salvación no intelectual significa, a menudo, una inteligencia no salvada. Pero, en este supuesto, ¿qué esperanza le queda al mundo si los que deben salvarlo, por ignorar la doctrina de salvación, se han hecho incapaces de darle nada, pues ellos mismos tienen aún sus propias inteligencias sin salvar?

No hay posibilidad, excepto por una gracia especial de Dios, de amarle con toda la mente si uno no hace nada de su parte por cultivar su inteligencia en lo que respecta a la verdad revelada. Y la verdad revelada no se sabe si no se aprende, porque no se trata de algo que uno pueda inventar, por muy grande que sea su inteligencia, su sensibilidad o su intuición. Así, el cultivo de la mente por lo que respecta al conocimiento adecuado de la fe (adecuado al desarrollo intelectual y al nivel de los conocimientos humanos) debe realizarse mediante la lectura.

Quizá aquí fuera conveniente recordar a Santa Teresa, que percibía en sí misma una fuerte y casi instintiva resistencia a leer libros religiosos a no ser que fueran «muy aprobados». Para la mentalidad de los hombres de hoy, sobre todo de los intelectuales, esto suena, sin duda, a censura, a falta de libertad, a espíritu estrecho. Personalmente no me parece que Santa Teresa fuera así; sencillamente, no quería ser engañada.

Lo de citarla ahora se debe a que tengo la impresión (posiblemente equivocada) de que la juventud universitaria es más proclive al ensayo de fácil lectura y escasa densidad que al libro de doctrina segura pero poco entretenido, y, desde luego, no descarto ni siquiera la posibilidad de que una parte de esa juventud universitaria sólo lea aquellos libros que son de actualidad y están de moda, independientemente de que su contenido sea verdadero o no, de que sus afirmaciones estén o no fundamentadas. Y no quiero suponer que haya entre vosotros quienes sólo busquen en los libros la confirmación de sus propias opiniones.

No se puede amar lo que no se conoce. ¿Se puede conocer a Jesucristo sin conocer el Evangelio? ¿Cuántas veces ha leído el universitario medio —y podéis hacer el cómputo desde el catedrático más antiguo del escalafón hasta el alumno de primero recién matriculado— los cuatro Evangelios? ¿Cuántos los han leído, *enteros*, siquiera una sola vez? Naturalmente, yo no lo sé. Pero a veces me pasa por la imaginación si no será esta ignorancia de lo esencial la causa de que haya universitarios e intelectuales (si muchos o pocos, tampoco lo sé) cuya idea de Cristo, del Evangelio y de la Iglesia es tan rudimentaria y deforme que, en verdad, puestos a comprometerse lo hagan con cualquier ideología antes que con la fe en que fueron bautizados.

Si me admitierais un consejo, yo os daría éste: dedicar todos los días algún tiempo a leer algún libro que, como alimento diario, vaya nutriendo la mente. No cualquier libro, sino libros adecuados, es decir, libros que reúnan, al menos, dos condiciones: doctrina segura (esto equivale a decir: de acuerdo con el magisterio de la Iglesia) e inteligibilidad (adecuación a la inteligencia y preparación del lector). Parece superfluo razonar el porqué de estas dos condiciones, pero no obstante voy a hacerlo. Si uno quiere saber Física no acude a Julio Verne, o a las novelas de ciencia-ficción, sino a libros hechos por físicos, y si son conocidos y de garantía reconocida por sus trabajos y su prestigio, mejor. Esto es de sentido común. Pues lo mismo. Si para profundizar en su fe, o simplemente para enterarse del Evangelio, uno acude a los autores de ensayos de teología-ficción o de sociología religiosa, está listo; no sólo no aumentará sus conocimientos, sino que se expone a confundir los que ya tenía. Sobre lo segundo, basta recordar lo antes dicho acerca del libro de geometría que se da a un estudiante de primero de bachillerato o a uno de cuarto de Matemáticas.

«Amarás al Señor tu Dios con toda tu mente». El conocimiento adecuado de la fe, al menos al nivel de los demás conocimientos, no es un lujo. No obliga sólo a personas desocupadas que tienen como basura las cosas que pasan, sino a todo cristiano, por muy ocupados que tenga los días, por grande que sea el trabajo que pese sobre sus hombros. Unos minutos no es mucho tiempo, después de todo, pero pueden ser suficientes.

Siendo la Iglesia el Cuerpo místico de Cristo, nosotros somos miembros de ese Cuerpo. Nuestra debilidad, nuestra negligencia, nuestra mediocridad está haciendo mucho daño a toda la Iglesia, lo cual equivale a decir a todos los demás. Y nadie tiene derecho a hacer daño a otros. ¿Os parece todavía que es mucha exigencia que Dios os pida que le améis también con toda la mente?

Claro que sois libres y podéis hacerlo o no, eso es cosa vuestra. Pero no olvidéis que, precisamente por ser libres, tendréis que responder de vuestras acciones... y de vuestras omisiones, pues el ejercicio del don de la libertad, concedido para hacer posible el amor, entraña la suprema responsabilidad ante Dios. Y esto, podéis estar seguros, ya no es un acto libre: el juicio no es una teoría, ni el resultado de una elección, sino un acontecimiento con el que todos tendremos que enfrentarnos tan pronto la muerte haga acto de presencia.

Y VOSOTROS, ¿TAMBIÉN ME QUERÉIS DEJAR?

De los cuatro evangelistas San Juan es, al decir de los exegetas el más seguro en cuanto a la cronología, el que mejor sigue la vida del Señor por el orden en que tuvieron lugar los acontecimientos que narra. Es quizá esta circunstancia la que hace ver, a medida que se va leyendo este Evangelio, la existencia de un elemento dramático muy acusado, una paulatina evolución del ambiente en torno a Jesús que va desde el entusiasmo inicial de los primeros meses de su vida pública hasta el total abandono de la Cruz.

La vida pública del Señor, esos tres años que dedicó a la proclamación de la Buena Nueva, tienen, en efecto, una gran carga dramática. Al comienzo es acogido con entusiasmo por el pueblo, con una benévola expectación por parte de las autoridades religiosas (¡hacía muchos siglos que no había un profeta en Israel!), quizá con cierta indiferencia por los saduceos (no creían en demasiadas cosas y les gustaba vivir bien) y, acaso, con alguna reserva por parte de los fariseos. El Señor se movía con toda libertad, le seguían muchedumbres cuyo entusiasmo las llevó, alguna vez, a quererle proclamar rey. Muy poco a poco se observa que, siguiendo igual la actitud del pueblo, comienza a variar la del sanedrín, fariseos y saduceos, sobre todo porque la gente tiende, casi inconscientemente, a establecer comparaciones, y Jesús hablaba «como quien tiene autoridad, y no a la manera de los escribas y fariseos»; y, por si esto no era suficiente, llegó el momento en que el Señor comenzó a denunciar la falsificación que los fariseos habían hecho de la religión. Pedirles encima que lo llevaran con paz era mucho más de lo que estaban dispuestos a dar.

Los encuentros y discusiones del Señor (que jamás sacrificó la verdad a consideraciones tácticas) con la clase dirigente de los judíos fueron cada vez más frecuentes y, a veces, realmente duras; el pueblo comenzó a percibir la oposición a Jesús, y aunque su prestigio no había decaído entre ellos y le seguían y escuchaban multitudinariamente, la presión de la ostensible poca simpatía que escribas y fariseos le tenían no dejó de influir, sobre todo cuando el sanedrín determinó expulsar de la sinagoga a los que creyesen en El. La popularidad de Jesús fue menguando al paso que los fariseos iban minándola entre el pueblo, hasta que se produjo abiertamente la crisis.

A partir de un determinado momento, la situación experimenta un cambio, sutil si se quiere, pero que es perceptible en el Evangelio. Jesús no podía ir a Jerusalén en vista «de que los judíos le buscaban para matarle». La impaciencia de los jefes religiosos del pueblo judío fue tal que llegaron, en alguna ocasión, a enviar hombres para prenderle. No lo hicieron porque, sin duda, cuando dieron con El lo encontraron hablando a las gentes y esperaron a que terminara para no levantar tumulto; pero cuando terminó, estaban tan captados por sus palabras que ni se les ocurrió cumplir la orden. Cuando al regresar les preguntaron «¿por qué no le habéis traído?», todo lo que se les ocurre decir es esto: «Jamás hombre alguno habló como este hombre». La última parte de los Evangelios dan la impresión de que al Señor se le han puesto las cosas incómodas; anda de una parte a otra como huido o acosado, y en alguna que otra ocasión tiene que ir al desierto, más allá del Jordán, o pasar a la frontera y adentrarse en territorio gentil.

Jesús decía: Soy el Mesías, el Enviado de Dios prometido desde hace siglos para salvar a los hombres; y replicaban los judíos: Mentira, es un impostor que trae embaucado al pueblo. Decía el Señor: Si no queréis creer mis palabras, creed al menos mis obras, que dan testimonio de mí (y resucitó muertos, dio vista a los ciegos, sanó a leprosos, alimentó a una multitud de más de cinco mil personas con unos panes y unos peces, hizo oír a los sordos, hablar a los mudos, andar a los cojos). Pero los judíos, fanatizados, contestaban: No le creáis. Si hace milagros no es por el poder de Dios, sino por el poder de Belcebú, príncipe de los demonios. Está endemoniado.

Esta es la impresión general que se desprende de la lectura (bueno, puestos a ser sinceros, habría que decir de años de lectura) del Evangelio de San Juan, y que he creído conveniente exponeros para que tengáis a la vista el contexto de un momento de la vida del Señor sobre el que quisiera que detuvieseis hoy la atención.

No voy a entretenerme mucho en contaros lo que se podría considerar como el momento en que se produce la crisis; podéis leerlo, si tenéis curiosidad o interés, en San Juan, 6.

El hecho es que, después del sermón o discurso que pronunció Jesús en la sinagoga de Cafarnaum sobre la eucaristía, las cosas no anduvieron como de costumbre, como en otras ocasiones se había producido. Esta vez los judíos, a medida que iban saliendo, se congregaban en grupos comentando lo que habían oído. Vosotros mismos tenéis una cierta experiencia de lo que sucede cuando pasa algo en la Universidad, cuando en lugar de marcharos a casa una vez terminadas las clases os quedáis en el vestíbulo formando pequeños grupos intercambiables, comentando y dando opiniones; todos conocéis, creo, ese típico ambiente de malestar un tanto inconcreto, de desasosiego y cierta propensión a la exaltación de los ánimos en cuanto alguien diga la palabra adecuada, u organice un núcleo compacto que sepa lo que quiere y lleve la iniciativa.

Pues bien: algo parecido a eso me sugiere a mí lo que San Juan escribe en los versículos siguientes al sermón de Cafarnaúm. Y ese fue —a lo que parece— el momento en que la tensión entre el Señor y los judíos hizo crisis, y hasta me da la impresión de que Jesús no hizo gran cosa por evitarla, como si acogiera de buena gana una situación que aclarara las cosas y las sacara de un clima confuso e indeterminado. Por lo que se refiere a la doctrina, la máxima claridad; con referencia a las personas, no apagar la mecha que aún humea, pero dejar bien sentado que el que no recogía con El estaba desparramando.

El caso es que al salir Jesús de la sinagoga se encontró con el clima de descontento y murmuración que reflejó San Juan; y, casualmente, al pasar junto a uno de los grupos oyó este comentario: «Dura es esta doctrina. ¿Quién será capaz de soportarla?» Lógicamente, y tal como estaban las cosas, cualquier paso en falso podía desencadenar una catástrofe; una elemental medida de prudencia humana aconsejaba, al parecer, adoptar una actitud conciliatoria que limara las aristas y corrigiera las expresiones, quizá un tanto demasiado rotundas para el paladar de los judíos, que Jesús había empleado en su discurso; una actitud apaciguadora, en resumen, que quitara hierro a la situación. Pero uno lee el Evangelio y se lleva la gran sorpresa, porque en lugar de proceder como parece que debiera haberlo hecho, se comporta del modo más impolítico: se dirige al grupo de donde había salido el comentario y forzando la situación, obligándoles a que se definan, les dice: « ¡Cómo! ¿Esto os asombra? ¿Qué diréis, pues, cuando veáis al Hijo del Hombre subir allí adonde estaba antes?»

San Juan, que estaba presente, anota en su Evangelio, como consecuencia de este incidente, la siguiente observación: «Y desde entonces, muchos dejaron de andar en su compañía» (Ioh 6, 66).

A mí no me parece que el sermón pronunciado por Jesús, ni las palabras que dirigió a los que murmuraban, fuera la *causa* de la deserción de muchos de los que le seguían. Más bien creo que fueron el pretexto que necesitaban para abandonarle sin perder del todo la dignidad a sus propios ojos. Seguir al Señor cuando ya las autoridades religiosas del pueblo se habían definido abiertamente en contra, cuando fariseos y saduceos, los dos grupos más numerosos e influyentes del país, habían hecho causa común con el sanedrín, era incómodo y ellos, los seguidores del Señor, no querían comprometerse hasta el punto de sufrir perjuicios. No es que se pusieran al lado de los fariseos; probablemente su simpatía seguía estando con Jesús, pero no querían disgustos: serían oficialmente neutrales.

Cuando quedaron de nuevo solos Jesús y los doce discípulos, de nuevo el Señor vuelve a sorprendernos con su actitud poco hábil. En lugar de levantar su ánimo, de robustecer su moral diciéndoles que había sucedido lo mejor, que era preferible que se hubieran marchado porque en realidad más estorbaban que otra cosa, etc., etc., en lugar de eso, se dirige a ellos, y les pone entre la espada y la pared: «Y vosotros, ¿también me queréis dejar?». Así, sin explicaciones de ningún género, les pide también a ellos que se definan. O creen en El, y porque creen en El se ponen a su lado, o no creen, y entonces lo mejor es que se marchen. Fue Pedro, como en otra ocasión memorable, quien tomó la iniciativa y dijo las palabras que debían ser dichas: «Señor, ¿y a quién iremos? Tú tienes palabras de vida eterna, y nosotros hemos creído que tú eres el Cristo».

Ellos, los doce discípulos, se quedaron. ¿Por qué ellos sí y el resto de los que eran sus seguidores no? Pues si el Señor tenía palabras de vida eterna, tanto las tenía para unos como para otros, y en cuanto a creer que era el Cristo... ¿lo creía Judas, que también se quedó? ¿No lo creería alguno de los que dejaron de seguirle por cobardía más que por falta de fe? En tal caso, por lo visto, no bastaba creer: era necesario también sostener, defender y manifestar consecuentemente esa fe cuando la ocasión lo requiriera, es decir, tener una fe *viva*, una fe que informara no sólo una decisión aislada, sino los actos todos de la vida.

No sé si alguna vez os habéis planteado alguna cuestión respecto a este punto del Evangelio. Y sin embargo, es para vosotros un punto importante, siquiera sea porque en la Universidad, a vuestro alrededor, se da este caso con demasiada frecuencia para que os haya pasado inadvertido. No, por supuesto, que haya universitarios que nieguen a Cristo abiertamente (quizá los haya, sin embargo, aunque me parece que solamente algún que otro caso); pero si a eso vamos, tampoco los judíos en cuestión le negaron abiertamente; se limitaron tan sólo, ya lo dice S. Juan, a dejar de andar en su compañía. Le abandonaron, sencillamente.

Y ya veis, de este estilo sí creo que hay un cierto número entre vosotros, más quizá de lo que parece, dado que todos sois prácticamente católicos. No negar a Jesucristo, por supuesto; nada de negarle de un modo formal. Eso sería apostasía. No negarle, digo, sino tan sólo dejar de seguirle, porque andar en su seguimiento supone tener fe en El más que en otros, creer su palabra más que las de otros, e incluso más que al propio pensamiento; seguirle supone comprometer la vida entera, la persona íntegra, de tal modo que no cabe pacto ni ambigüedad: o con El o contra El. Exige preferirle a muchas otras cosas que tiran de uno con fuerza y a las que quizá no somos capaces, o no nos atrevemos, o no queremos renunciar.

De algún tiempo a esta parte preocupa a los educadores, a los padres, a los sacerdotes interesados en el «apostolado» universitario, la creciente frialdad religiosa que se observa en este sector de la juventud que, por extraña paradoja, ha sido hasta ahora el que más y mejores oportunidades ha tenido para conocer a fondo su propia fe. Creo que el hecho es cierto y que los universitarios son hoy, en conjunto, mucho más refractarios que hace veinte años a la enseñanza de la Iglesia (fe y costumbres, doctrina y normas evangélicas de conducta) y, en cambio, mucho más crédulos, mucho más permeables, a todo tipo de ideas y teorías que prescinden del Evangelio y favorecen lo que ahora se llama (si no estoy equivocado) la supresión de «tabús» y una moral de situación.

¿Por qué este fenómeno —«muchos dejaron de ir en su compañía»—, evidente, por otra parte, para cualquiera que os observe y se interese por vosotros? Se ha echado la culpa a los padres, a los colegios, al modo que durante muchos años se ha tenido de enseñar la religión. Nunca a vosotros mismos (al menos, en los libros, revistas y periódicos). Pero, preguntaría a mi vez, ¿por qué hay también, y mucho, de esto en la gente mayor, entre vuestros padres, entre vuestros profesores universitarios, entre mucha gente que ya no es joven? ¿También por sus padres, por los colegios a que asistieron, por sus educadores? Los que abandonaron al Señor a raíz de su sermón de Cafarnaum sobre la Eucaristía, ¿le dejaron porque les enseñó mal el Evangelio, porque sus padres no les prepararon lo suficientemente bien? ¿Por qué se quedaron tan sólo unos cuantos discípulos mientras la mayor parte le abandonó?

Naturalmente, yo no os voy a decir la razón última, que esa sólo Dios y ellos la supieron. Pero sí os puedo decir algo que a mí me ha servido más de una vez y que, acaso, os pueda servir también a vosotros, si queréis poner vuestra atención en ello.

Durante su vida pública, el Señor andaba recorriendo, de una parte a otra, Palestina. Andaba por ciudades y aldeas predicando el reino de los cielos, y a su alrededor se juntaban muchedumbres para oírle, muchedumbres que se admiraban, se entusiasmaban y se beneficiaban de sus milagros. Un corto número de discípulos, sin embargo, aunque no tan entusiastas al parecer, le seguían constantemente, hablaban con él, comían juntos donde se terciara, le preguntaban, comentaban diariamente pequeños sucesos intrascendentes o cuestiones importantes. Le trataban, en suma. ¿Veis a dónde voy? Los que tenían un trato diario con el Señor, una *amistad personal,* le fueron leales; los que le oían, le seguían ocasionalmente, o habitualmente pero sin un trato personal de tú a tú; los que le admiraban y se entusiasmaban, pero sin que existiera entre ellos y Jesús una vinculación personal de amistad, en cuanto vieron la probabilidad de disgustos dejaron de andar en su compañía.

No sé bien cómo expresarlo para que os deis cuenta de lo que quiero deciros. El trato engendra la amistad, y cuando esa amistad es mutua, sincera y profunda, uno confía siempre en el amigo, porque si la amistad es auténtica es siempre delicada: no hay abuso ni engaño. Me refiero, claro está, a la amistad *personal*. No a ese tipo de amistad superficial entre personas que coinciden en unos intereses, en unas ideas o en unos objetivos, y que depende de los objetivos, las ideas o los intereses, no de las personas, y que desaparece tan pronto se esfuma el nexo que les unió. Se trata, por el contrario, de la amistad entre dos personas, independientemente de cualquier elemento ajeno a lo propiamente personal. Ahora bien: cuando existe una amistad tal, existe también un sentimiento de lealtad. Y esto es, me parece a mí, lo que sucedió en aquella ocasión. Sólo los discípulos del Señor que, por el trato diario, tenían una amistad personal con El, le fueron leales, porque ellos *creían* en El, le conocían muy de cerca y los lazos que les unían al Señor eran muy sólidos. Ni siquiera Judas le dejó entonces.

Me pregunto cuántos de vosotros, de los que habéis dejado de seguirle, o de los que podéis hacerlo en cualquier momento teníais una amistad *personal* con el Señor. No os engañéis. La amistad requiere conocimiento y trato, y es muy difícil tener amistad (amistad, no simple simpatía, son cosas muy distintas) con una persona cuyo trato no se cultiva; y no es cultivar el trato con Cristo recitar de vez en cuando alguna que otra fórmula piadosa o dirigir de vez en cuando tal o cual petición (personalmente interesada y recayendo sobre cosas muy terrenas), sobre todo cuando la persona a quien uno se dirige es tan superficialmente conocida que apenas si es una especie de ente vagamente imaginado.

Pero Jesucristo es una persona, precisamente el Hijo de Dios. Y no es un puro espíritu, sino Dios y Hombre, un hombre perfecto. Y vive, y nos ve, y nos oye, y es capaz de hablarnos, aunque sea formando palabras dentro de nosotros. Y yo me estoy refiriendo a hablar con Él, de amigo a amigo, diariamente; y no con fórmulas, sino con espontaneidad; ni sobre temas artificiosos, sino acerca de las pequeñas realidades diarias, y preocupaciones, y sucesos intrascendentes, y el propio trabajo. Hablar con Él como diariamente lo hacían los discípulos, como hablamos con las personas.

Me refiero, en suma, a hacer oración, que así se llama a la conversación con Dios. Porque sin oración (cualquiera que sea la forma que adopte) no hay trato, y sin trato no hay amistad. Y si no hay oración, es decir, trato de amistad con el Señor, entonces ¿cómo es posible conocerle, comprender sus palabras, encontrar sentido a su Iglesia, tener aprecio a los Sacramentos, en una palabra, *creer* en El? ¿Comprendéis por qué hoy se os aparecen ininteligibles tantas cosas que aprendisteis de niños? ¿Por qué uno va a tomar en consideración las palabras de otro a quien apenas conoce? ¿Por qué va uno a ser leal con quien apenas tiene trato?

Entiendo que este no es un defecto que a mí me parezca privativo vuestro. A mi modo de ver es general. Todavía subsiste la creencia, entre no pocos católicos practicantes, de que hacer oración es algo propio de frailes y monjas (al menos tal como se les veía antes); en cuanto se refiere al mundillo universitario, me parece que para bastantes, a todos los niveles, es algo que cae por completo fuera de los asuntos por los que suele interesarse.

Y sin embargo, sin oración no hay comunicación con Dios, (al menos, de ordinario). Y sin comunicación ¿es posible que el Señor sea para nosotros otra cosa que una idea imprecisa o una vaga imagen? Me pregunto si habrá alguna posibilidad de *amar*, hasta el extremo de una lealtad total, a una imagen vaga o a una imprecisa idea. ¡Claro que los judíos, muchos de ellos, dejaron de seguirle! Tan claro, y tan lógico, como la progresiva descristianización, el progresivo abandono, que se observa en este mundo occidental al que todavía se le designa, a pesar de todo, como cristiano.

Creo que si la mayor parte de nosotros dejamos mucho que desear como católicos, si somos piedra de escándalo, inconsecuentes, blandos, titubeantes o, simplemente, hacedores de prácticas de piedad; si hemos hecho posible que, al vernos, se haya pensado que seguir a Cristo consiste sólo, o esencialmente, en un moralismo rígido que se atiene a la letra de la Ley y se pierde en casuísticas al estilo fariseo, o en ir a misa y creer teóricamente en un montón de cosas en las que no se piensa jamás, al paso que la vida discurre en contradicción con una fe públicamente proclamada; si paulatinamente es cada vez mayor el número de los que dejan de ir en su compañía; si todo esto ocurre, digo, se debe, según creo, a que no somos hombres de oración, a que no habiendo una vinculación personal con Cristo, un trato con El, una lealtad personal, todo lo demás no es expresión de una actitud interior, y al no serlo acaba convirtiéndose en algo inauténtico y postizo.

Y esto nos atañe a todos, incluso a vosotros, y a mí, y a mis colegas. Creo que cada vez es más difícil mantenerse en la cuerda floja, y que, como en el momento en que la tensión entre el Señor y los judíos hizo crisis, también ahora estamos en una época crítica en la que todos nos vemos abocados a definirnos. Y, como entonces, me parece muy improbable que puedan mantener la lealtad a Cristo quienes carezcan de trato y amistad con El. A no ser, claro está, que por razones sólo por El conocidas algunos puedan vivir sin que personalmente lleguen a verse en esta tesitura.

«Señor, ¿y a quién iremos? Tú tienes palabras de vida eterna, y nosotros hemos creído que tú eres el Cristo». Y se quedaron. ¿A quién iban a ir? El trato, la amistad y el conocimiento les habían unido a El de tal modo que, sin El, no sabían a dónde ir ni a quién acudir. Sin El se encontraban solos, desamparados, perdidos. De esto tuvo experiencia, en sentido inverso, San Agustín, cuya inquietud y desazón sólo se aquietaron cuando le encontró y descansó en El.

Ojalá Dios os dé luz y valor para ser

leales con El cuando la ocasión se presente (si se presenta) y tengáis que dar la
cara. Pero, la verdad, si no sois hombres de oración, eso me parece tan difícil como la supervivencia de un hombre
que no se alimenta.

LA PRIMERA PIEDRA

El tesón de los escribas y fariseos hubiera sido una cualidad digna de alabanza si no lo hubieran empleado con frecuencia tan mal. Los Evangelios están sembrados de lazos tendidos al Señor, preguntas capciosas, sutiles cuestiones propuestas maliciosamente en el momento adecuado con el fin de encontrar algún resquicio, alguna contradicción de que valerse para desprestigiarle o, en el caso más favorable, para poderle acusar con algún fundamento y quitárselo de en medio.

Hubo un momento en que pareció que, por fin, lo habían conseguido. Todos recordaréis sin gran esfuerzo, creo, el episodio de la mujer adúltera que San Juan describe con tanta brevedad como fuerza. Veamos primero la narración y procuremos hacernos cargo de los hechos; luego intentaremos reflexionar un poco sobre todo ello.

«De mañana volvió otra vez al templo, y todo el pueblo vino a El, y sentado los enseñaba. Los escribas y fariseos trajeron a una mujer cogida en adulterio y, poniéndola en medio, le dijeron: Maestro, esta mujer ha sido sorprendida en adulterio. En la Ley nos manda Moisés apedrear a éstas. ¿Tú qué dices? Esto lo decían tentándole para tener de qué acusarle. Jesús, inclinándose, escribía con el dedo en la tierra. Como ellos insistieran en preguntarle, se incorporó y les dijo: El que de vosotros esté sin pecado, arrójele la piedra el primero. E inclinándose de nuevo, escribía en la tierra. Ellos, en cuanto le oyeron, fueron saliéndose uno a uno, comenzando por los más ancianos» (Ioh 8, 2-9).

Bien, he aquí que una vez más vemos al Señor rodeado de gente, apiñada en torno a El escuchándole y dejando al frente apenas un espacio libre, a modo de pequeño semicírculo, para que le sirviera de desahogo y perspectiva para hablar. Allí, «en medio», colocaron los escribas y fariseos a la pobre mujer sorprendida en adulterio; en medio, también, de la expectativa del gentío, de su curiosidad malsana. La *mise en scène* fue magistral tanto por lo que respecta a la multitud en orden a captar su atención, como con referencia a Jesús, pues la brusca irrupción de aquel desusado cortejo, la introducción en el espacio libre de algo tan ajeno a lo que el Señor hacía bastaba para desconcertar a cualquiera. Más aún: a los ojos de los espectadores la acción de los escribas y fariseos aparecía, de momento al menos, como el sometimiento de una cuestión importante al buen juicio del Maestro. El hecho podía ser interpretado sin violencia, ante los oyentes, como un gesto de buena voluntad, como expresión del deseo de resolver una duda de conciencia. Una mujer adúltera a la que Moisés, en la Ley, mandaba apedrear; pero los tiempos eran muy distintos, pues no habían transcurrido en vano catorce siglos; había una mentalidad diferente, otras costumbres menos bárbaras. Por otro lado, ¿hasta qué punto era lícito desobedecer la Ley? ¿Se podría transgredir sin más que la simple apreciación personal? ¿Cuál era la opinión del Maestro, cuál su consejo acerca de lo que deberían hacer?

Como sucedía siempre que los fariseos se dirigían al Señor, la apariencia no reflejaba la realidad. Si la mala intención de aquellos hombres no estuviera explícitamente recogida en el Evangelio («esto lo decían tentándole para tener de qué acusarle»), basta reflexionar un poco para observar un conjunto de circunstancias que no concuerdan con la aparente actitud, un poco ingenua, de buena voluntad. Si la mujer había sido *sorprendida* en adulterio, ¿dónde estaba el hombre con el que lo había cometido? La Ley de Moisés que invocaban decía: «Si adultera un hombre con la mujer de su prójimo, *hombre y mujer* adúlteros serán castigados con la muerte» (Lev 20, 10). ¿Por qué habían traído a la mujer sola? Por otra parte, si lo que deseaban era una solución a un conflicto de conciencia, un consejo que les ayudara a encontrar el camino del deber en la aplicación de un precepto cuya dureza les parecía inhumana, ¿qué sentido tenía ventilar los conflictos de conciencia en la plaza pública y ante un numeroso auditorio a quien nada importaban, ni tenían por qué, sus problemas interiores? ¿A qué venía humillar a la mujer, paseándola por la ciudad con su vergüenza a cuestas mientras buscaban al Señor, y exponerla en medio de la curiosidad malsana de los espectadores, dando publicidad a su culpa y exhibiéndola como un trofeo?

Todas estas consideraciones, y otras que la reflexión podía sugerir, hacían todo aquello muy sospechoso. Pero la gente no suele reaccionar ante este tipo de acontecimientos haciéndose preguntas, y menos todavía en los casos en que hay una cierta sorpresa y las acciones se van desencadenando una detrás de otra sin dar tiempo a la reflexión. Los fariseos, además, plantearon la encerrona con la habilidad de apartar, desde el primer momento, la atención de sí mismos y centrarla en la mujer y en Jesús. No llevaban buena intención, ni parece que les importara gran cosa el pecado de aquella mujer, excepto para utilizarlos —a la mujer y a su pecado— como arma contra Jesús. Y hay que reconocer que jugaban una baza francamente buena: «en la Ley, Moisés nos manda apedrearla. Tú, ¿qué dices?».

¿Qué es lo que podía decir? Podía, por ejemplo, ser consecuente con sus propias palabras, dichas públicamente, acerca de que no son los sanos los que necesitan médico, sino los enfermos; podía decir que El no había venido a buscar a los justos, sino a los pecadores. O recordar su criterio de no quebrar la caña que está cascada, ni apagar la mecha que aún humea. Podía, en resumen, compadecerse de aquella mujer y salvarla, siquiera para que pudiese hacer penitencia por su pecado. Y quizá fuera eso lo que ellos esperaban y estaban deseando, porque entonces podían acusarle de oponerse a Moisés e ir contra la Ley, y además convencerle de mentiroso, pues había dicho que no había venido a destruir la Ley, sino a darle cumplimiento. Era esta, pues, una salida que estaba cerrada.

O podía decir, inclinándose ante la letra de la Ley que dictaba la pena contra los adúlteros, que no tenía nada que objetar al cumplimiento de la sentencia dada por Moisés y declarar su conformidad a que la sentencia se ejecutase. Pero entonces, ¿qué esperanza quedaba a los pecadores? ¿Era necesaria su presencia en el mundo para decir lo que ya estaba dicho? ¿Había venido a destruir el pecado o a destruir al pecador? ¿Y cómo compaginar, en tal caso, su actitud rigorista con la abierta llamada de su mensaje al arrepentimiento para lograr el perdón?

No se veía viable una salida airosa a aquella situación y el Señor, al parecer, se daba cuenta de ello, y también los fariseos. A diferencia de lo que en circunstancias análogas era característico en El esta vez Jesús no dio una respuesta en el acto, una de aquellas respuestas que dejaban a sus contradictores sin palabra que contestar y sin salida por la que escabullirse. Esta vez era El quien no decía nada: «Jesús, inclinándose, escribía con el dedo en tierra», como haciéndose el distraído, como quien busca desesperadamente una frase decorosa para no quedar públicamente en ridículo, como quien está ganando tiempo para dar lugar a que se le ocurra algo.

Así debieron interpretar los fariseos su silencio y su actitud, su modo de desentenderse de la cuestión entreteniéndose en escribir no se sabe qué en la tierra; de manera que comenzaron a acosarle, pensando que, por fin, lo tenían a su merced en la situación a donde justamente habían querido llevarle. Hasta que el Señor se hartó del juego: «como ellos insistieron en preguntarle, se incorporó y les dijo: el que de vosotros esté sin pecado, arrójele la piedra el primero. E inclinándose de nuevo, escribía en tierra».

Bien, ¿no era una respuesta lo que querían? Ya estaban complacidos, aunque mi impresión es que no fue precisamente complacencia el sentimiento que experimentaron al oírle. Una vez más, la respuesta del Señor fue tan sorprendente como inesperada y, como de costumbre, distinta de lo que podían prever. No sucedió en esta ocasión como años atrás en el templo, cuando tras buscarle durante tres días María y José le encontraron entre los doctores. Entonces hubo también una respuesta de Jesús a la pregunta que le hicieron, «pero ellos no entendieron lo que les decía». Verdad es que no les importó gran cosa; les bastaba saber que había una respuesta, aun cuando entonces no la comprendieran.

Los escribas y fariseos sí entendieron al Señor. Tan bien le entendieron que no hubo uno que rompiera el fuego y se lanzara a coger una piedra. En silencio se fueron escabullendo (*saliéndose*, dice el Evangelio) «uno a uno, comenzando por los más ancianos». Ahora eran ellos los que se desentendían de la cuestión, los que se *salían*, sin explicación alguna, de la situación que con tanto cuidado como interés habían creado. Mientras creían tener a Jesús acorralado insistían, acosaban, urgían, exigían una respuesta; en cuanto habló, perdieron de repente todo el interés en el asunto que les había llevado allí para recordar tan sólo, sin duda, que un quehacer muy urgente los llamaba a otra parte.

Hay gente así. Hombres que atacan al adversario antes de que se ponga en pie, que no les importa dar golpes bajos, que utilizan a los demás como si fueran cosas (y no personas) y, por supuesto, sin fijarse nunca si les hacen daño o no. Los fariseos hicieron todo eso. Llegaron ante el Señor, con la mujer por delante, y le espetan a bocajarro su pregunta. ¿Le dan tiempo para pensar, para sopesar la cuestión, para estudiarla? ¡No! Exigen su respuesta con premura, y cuando el Señor parece tomarse tiempo, le acosan insistentemente. Su objetivo no era el que parecía, sino otro muy distinto que, sin embargo, ateniéndose a los términos estrictos en que se planteaba la cuestión, no podía probarse. A ellos les tenía sin cuidado lo que decía Moisés, pero lo utilizaron para comprometer a Jesús. Lo que les importaba no era tanto el cumplimiento de la Ley como la descalificación del que consideraban su adversario. ¿Y la mujer? Simplemente, la utilizaron. Ni les importaba ella ni su pecado, excepto para servirse de ella y de él como pretexto o como arma. La humillaron, la avergonzaron, la destrozaron.

Francamente, creo que hay gente así. Y me parece que no es difícil que vosotros lleguéis a la misma conclusión si sois medianamente observadores. Los que van como flechas a lograr su objetivo sin fijarse en aquellos a los que van empujando, pisoteando, humillando o hundiendo en su camino sin advertirlo siquiera, porque su atención está en el objetivo (a esto lo llaman a veces eficacia). Los que tienen fe en una idea, en una teoría, y a su realización lo sacrifican todo, porque ¿qué importa el daño *real* que causan al lado del bien que se *imaginan* que van a hacer cuando triunfe su idea? Los que plantean un negocio perfecto y atienden a todos los factores que, según las reglas de la ciencia económica, deben tomarse en consideración, pero no consideran las consecuencias que, quizá para muchas vidas, puede tener una operación tan perfecta, y ni por asomo se les ocurre ayudar a los demás con lo mucho que les sobra. Los que se han fabricado sus propias leyes morales y en su nombre justifican sus pecados personales (éstos suelen ser corruptores). Los que hacen un argumento del hambre en el mundo para el negocio de los anticonceptivos; los que truenan contra las guerras, no por compasión a los que sufren, sino por odio a los que triunfan; los que claman continuamente por la justicia social, no porque se interesen por la suerte de los pobres (nunca se han privado de un lujo para que otro coma), sino porque les fastidia no ser ricos. Sí, hay quienes poseen, como los fariseos, ese extraño don de autoconvencerse a sí mismos hasta extremos de ceguera. Hoy se están empleando palabras grandes y sonoras, pero muchas veces lo que encubren es hediondo.

La respuesta que los fariseos recibieron del Señor les quitó las ganas de continuar con la farsa. Porque fue una gran respuesta. Comenta San Agustín: « ¡Cómo los metió en sí mismos! Calumniaban a los demás, pero ellos no se examinaban; veían a la adúltera, pero ellos no se miraban. Prevaricadores de la Ley, querían que la Ley se cumpliese, y esto calumniando; no, verdaderamente, condenando el adulterio en nombre de la castidad». ¡Mucho que les importaba a ellos!

«El que esté libre de pecado, eche el primero la piedra». En medio de todo, por esta vez los fariseos tuvieron la sinceridad de aceptar la humillación. No hubo uno solo que se atreviese a iniciar la pedrea, quizá porque tenían experiencia de que el Señor leía las conciencias y era mucho riesgo exponerse a que les dijera sus propios pecados a la vista de todos. El Señor no juzgó a la Ley, ni a lá mujer. Tampoco a los fariseos, pues sólo los obligó, con una simple observación, a que se metieran dentro de sí mismos. Sin duda no les gustó el panorama que contemplaron, porque en silencio fueron desapareciendo de escena... comenzando por los más viejos.

Creo que si hoy se tiran muchas piedras contra lo divino y lo humano, si se contesta tanto, se protesta contra tantas cosas, se denuncian tantos defectos, tantos errores, tantas equivocaciones; si se acusan mutuamente las generaciones (el llamado «conflicto generacional»), y los hijos acusan a los padres de no comprenderles, y los padres están perplejos con los hijos, a los que consideran desquiciados con extrañas ideas que no entienden y que consideran subversivas y absurdas, creo, digo, que en gran parte se debe a la poca afición que hoy tenemos todos a meternos dentro de nosotros mismos. Estamos tan ocupados juzgando a los demás, amontonando las culpas sobre hombros ajenos, que nos falta tiempo para echar de vez en cuando una ojeada a fondo sobre nuestra propia conducta. Bueno, lo diré sin eufemismos: sobre nuestros propios pecados, nuestros propios errores, nuestras propias equivocaciones, nuestras propias mentiras, nuestras propias falsedades.

Como los fariseos, estamos tan autoconvencidos de nuestra propia justicia que consideramos culpables —y los condenamos— a los demás. Estamos tan seguros de la razón de nuestra causa que somos incapaces de ver el daño que causamos a nuestro alrededor, precisamente a personas inocentes que no tienen culpa de que haya cosas que no nos gusten. Por supuesto, tampoco pensamos que quizá no tenemos *toda* la razón, que acaso *podamos* estar equivocados, al menos en parte.

Esta civilización que estamos viviendo, en medio de muchas cosas excelentes, resultado de aportaciones pacientemente acumuladas, cribadas y perfeccionadas por muchas generaciones, no tiene como característica el sosiego que incita a la reflexión. No es una civilización que facilita la interioridad; peor aún, me atrevería a decir que, en conjunto, es una civilización que combate la interioridad con medios de una potencia inigualable. La combate con la prisa, con la productividad (espero que me entendáis), con los *mass media*, con la velocidad, con la superficialidad, con la técnica incluso. Y ha dado lugar a este tipo de hombre obsesionado, crispado, apresurado, sin tiempo; a este tipo de hombre que ya no reflexiona porque se nutre de tópicos o de consignas, o porque se ha convertido ya en un robot especializado en cualquier clase de trabajo, o porque simplemente carece de tiempo, de sosiego y hasta de gusto.

«El que esté libre de pecado, eche el primero la piedra». Serían menos los que echarían piedras si los hombres se metieran más en su propio interior; quizá, entonces, al contemplar la enorme viga en su propio ojo no concentrarían su atención tan exclusivamente en la paja que observan en el ojo de su hermano. No es que estemos ciegos respecto a nosotros mismos, me parece. Es que no miramos.

Dios me libre de echar una piedra sobre vosotros, sobre vuestra actitud, sobre vuestras aspiraciones. No estoy tan libre de pecado como para eso, y es seguro que mi viga es mayor que vuestra paja. Hace años leí esto: «Es más fácil decir que hacer. Tú..., que tienes esa lengua tajante —de hacha—, ¿has probado alguna vez, por casualidad siquiera, a hacer *bien* lo que, según tu *autorizada* opinión, hacen los otros menos bien?» (*Camino*, 448).

No puedo, ni quiero juzgaros (¿en nombre de qué, o de quién, lo podría hacer?), pero sí me gustaría haceros pensar, si fuera capaz de ello. Que os metierais dentro de vosotros mismos, que reflexionarais sobre vosotros mismos con la serenidad que da el sosiego, no para autoconvenceros de la justicia de vuestra causa, sino para ver si realmente sois tan puros como pensaban serlo los fariseos antes de que el Señor les diera algo en qué pensar. Hay demasiadas cosas buenas en vosotros como para que las echéis por la ventana dejándoos atrapar en ese cepo que la sociedad superdesarrollada de hoy ha dispuesto tan sagazmente: vivir hacia fuera, no hacia dentro; sustituir el pensamiento por la publicidad, la lectura por la televisión, el silencio por el ruido, la intimidad por la exhibición, las ideas por los tópicos y las muletillas; juzgar a los demás, pero jamás entrar en juicio consigo mismo; acusar al prójimo, pero evitar por todos los medios contemplar el propio mundo interior, no sea que uno tenga que acusarse a sí mismo porque se encuentra tan sucio como la sociedad que condena.

Y si después de contemplaros por dentro con la sinceridad que, según se dice, es característica de la juventud, os encontráis puros y sin pecado, entonces ánimo y a la tarea. Podéis echar la primera piedra, porque habéis visto que el Señor lo autorizó. Pero si no es así, si os encontráis con que también vosotros sois pecadores, y descubrís vigas en vuestro propio ojo, entonces lo mejor es que os vayáis escabullendo en silencio. Porque si a pesar de ello seguís condenando a los demás, entonces sois tan hipócritas como cualquier fariseo.

Pero si después de haber desaparecido de la escena, y en el silencio de una fecunda reflexión, sois lo bastante hombres para aceptar vuestros propios errores y vuestros propios fallos, y partiendo de ahí tenéis el valor de rectificar y volver a comenzar desde el principio, entonces habréis ganado la partida. Quizá no haya tanta entusiasta excitación, pero sí más humildad, lo cual es un fundamento mucho más seguro para realizar bien la propia tarea. Y acaso, si lo hacéis así, podáis luego ayudar a los demás a que aparten la paja de su ojo, porque vosotros habréis quitado ya la viga del vuestro.

NO CREÍAN EN ÉL

«Aunque había hecho tan grandes milagros en medio de ellos, no creían en El» (Ioh 12, 37). Cuando se leen estas palabras, o dicho con mayor exactitud, cuando se reflexiona sobre esta frase, a uno le viene la impresión de que, a la vista de este hecho indudable y casi contradictorio, los discípulos se sentían perplejos. Ya antes de este pasaje, en el capítulo anterior, San Juan había narrado detenidamente la resurrección de Lázaro. Fue un acontecimiento que tuvo amplia repercusión pero que, sorprendentemente, originó reacciones contrapuestas. Muchos de los judíos que lo habían presenciado —dice San Juan— «creyeron en

El», vencidos por el milagro; otros, sin embargo, fueron a contarlo a los fariseos, quienes junto con los pontífices, y después de enterarse de lo sucedido, se vieron empujados a tomar una decisión: «¿Qué hacemos, que este hombre hace muchos milagros?». Acordaron matarle porque, «si le dejamos, todos creerán en El». «Y así, desde aquel día, no pensaban sino en hallar medio de hacerle morir» (Ioh 11, 45 y s.).

Lázaro era un muerto que llevaba cuatro días enterrado y había empezado a descomponerse, hasta el punto de que ya hedía. Llegó Jesús, dio una orden al muerto, y Lázaro salió vivo y sano del sepulcro. ¿Cómo era posible —se preguntaban los discípulos desconcertados, perplejos y asombrados— que, a la vista de hechos tan prodigiosos, hubiera judíos que no creyeran? Y sin embargo, bien claramente lo dice San Juan: «Aunque había hecho tan grandes milagros en medio de ellos, no creían en El».

Pero ¿por qué? ¿Qué más podía, o qué más tenía que hacer para convencerles de la verdad de sus palabras? Dar vista a ciegos de nacimiento, devolver el habla a los mudos o hacer andar a los paralíticos, sanar a leprosos de carne podrida, obligar a los elementos a que obedecieran sus órdenes con una simple palabra, no había sido suficiente para muchos judíos. Su pueblo seguía sin creer ser Él quien era. ¿Se hacía, pues, necesario ir todavía más allá? Bien, iría; demostraría que era señor de la vida y de la muerte, y lo demostró en el caso de Lázaro con una sola palabra que fue obedecida en el acto.

Fue inútil, porque no sólo no creyeron en Él, sino que decidieron matarle.

Pero esto es inquietante. En una ocasión los judíos le habían preguntado: «¿Qué milagros haces tú para que nosotros veamos y creamos?». Lo preguntaron precisamente cuando Jesús había alimentado a una multitud de cinco mil hombres con cinco panes de cebada y dos peces. Quizá les pareció que, como milagro, no era suficiente, o acaso lo querían de otra clase. Nunca lo especificaron. De cualquier manera, ¿podían pensar en alguno mejor que la resurrección de Lázaro, que ya hedía? ¿Algo más concluyente? ¿Algo más definitivo? El caso es que con haber hecho Jesús tantos milagros —incluso éste— delante de ellos, no creían en Él. Sólo que al final de la vida de Jesús, después de este último testimonio de su divinidad, ya no era posible mantener la fachada de hombres que no quieren hacer las cosas a la ligera y piden pruebas en que apoyarse. Tras esta última resistencia, tras este último voluntario endurecimiento, no podían exigir más. Había pruebas de sobra para dar el paso, y ellos se veían empujados a tomar una determinación. ¿Inclinar la cabeza, reconocer su obstinación y abrirse a la fe en El? ¿Podían, todavía, oponer al testimonio de Jesús («las obras que yo hago en nombre de mi Padre, ésas están dando testimonio de mí»), algún argumento, alguna reserva, alguna razonable duda? No lo parece, a juzgar por su actitud. Pero si no la había, ¿por qué no creyeron?

Cualquiera que sea la respuesta que se dé a esta cuestión es difícil que llegue a desentrañar el profundo misterio que encierra la actitud del hombre libre ante el requerimiento de Dios. Pero desde el momento en que el hombre es como es, un ser inteligente y libre, puede afirmarse sin gran peligro que, entre las causas que impiden a un hombre abrirse a la fe, una de ellas es su no querer. Este no querer puede llegar al límite extremo que se manifiesta en el caso de los fariseos y los príncipes de los sacerdotes después de la resurrección de Lázaro, y no dudo de que hoy —como siempre— haya casos semejantes en los que la actitud ante Cristo está muy cerca del odio a Cristo. La acción demoníaca —el demonio es «el príncipe de este mundo»—es un hecho, aunque algunos la tengan por fábula. Evidentemente, no hay ninguna razón para que todos tengan de ella una experiencia personal, pero no es menos evidente que esta falta de experiencia carece de peso incluso como argumento negativo.

Sin llegar a este extremo, sin embargo, la quiebra de la fe es un fenómeno en el mundo de hoy que no puede pasar inadvertido ni siquiera para un ciego. Se está intentando explicar de muchas maneras, con seriedad, con tenacidad, con insistencia, casi diría que hasta obsesivamente. Por lo general, y en este punto, la iniciativa (al menos, según aparece a los no especialistas) la han llevado los teólogos protestantes, cualquiera que fuese su confesión; quizá, incluso, los católicos se han sentido un poco deslumbrados por la llamada *teología de la muerte de Dios*, brillantemente expuesta en publicaciones de gran difusión y en las que frecuentes afirmaciones no demostradas y contrarias a la fe son engullidas fácilmente por lectores (generalmente eclesiásticos) sin plantearse problema alguno acerca de su validez. Ha aparecido así la figura del buen ateo, versión muy siglo xx del buen salvaje rusoniano del xviii: del hombre sincero, que se plantea problemas a profundo nivel intelectual, que se pregunta honestamente por Dios, por el sentido de la vida, por la existencia del mal, de la injusticia, de la violencia. Una curiosa especie de santo laico que busca, y busca, y se interroga, y se preocupa...

Antes, el ateo era presentado como un hombre que, al no creer en Dios, ni en Cristo, ni en la otra vida, carecía de freno y hasta de razón alguna para someter su vida a una ética; un hipócrita cuyo ateísmo apenas era un pretexto para no tener que atenerse a un código moral, aunque en el fondo estaba convencido de Dios, de Cristo y de la otra vida. Ahora los vientos han cambiado y soplan desde el extremo contrario. El ateo es el hombre honesto, abierto, sincero, que se ve como obligado a rechazar a Dios y al mundo de la gracia por estricta honradez intelectual. El hipócrita —al menos, tal es la impresión que algunos escritos, cada vez más numerosos y cada vez más superficiales, dejan en el lector— es el que cree sin más (lo cual no es lo mismo que creer sin motivos), sin interrogarse sobre su fe, sin problematizar lo que le enseñaron, sin angustiarse por la injusticia, por la guerra y el hambre. En suma, un hombre insincero que acepta la fe, «lo establecido», sin interrogarse constantemente acerca de la verdad de todo ello, y, sobre todo, sin mirar a su alrededor, sin tener en cuenta al mundo, su desarrollo, su madurez... Creo, sin que me parezca excesiva la afirmación, que en cierto modo hoy está de moda el ateísmo, al menos una determinada forma de ateísmo. Parece como si el negar ciertas verdades (la divinidad de Jesús, la Iglesia, la virginidad de María, los sacramentos), cuya profesión es obligatoria a todo católico para seguirlo siendo, fuera una muestra de sinceridad, de autenticidad, de honrada actitud intelectual, y puede que, en efecto, lo sea en algunos, aunque ello no equivale a admitir la validez de los argumentos desde los que niegan su propia fe.

En el fondo, y dejando siempre a salvo el misterio del acto de fe, hay sobre todo un problema de voluntad, de querer o no querer. Si los judíos (las autoridades religiosas y civiles del pueblo, los escribas, los fariseos, etc.) no creyeron en Jesús, a pesar de los milagros que había obrado en medio de ellos, es porque la fe no es un acto forzoso, sino libre. No es, como recordaba Newman, la conclusión necesaria de unas premisas; no hay fe alguna cuando se acepta la proposición «dos más dos son cuatro», «el todo es mayor que cada una de sus partes» y otras semejantes, y desde luego su aceptación no es un acto libre: son evidencias que se *imponen* espontáneamente a la inteligencia. «Es posible —escribe J. Pieper— que la veracidad de un hombre se me manifieste de forma tan convincente que no tenga más remedio que pensar: *tengo que creerle.* Sin embargo, este último paso sólo puede darse en completa libertad, lo que quiere decir que puede también no darse. Argumentos convincentes respecto a que un hombre es digno de fe puede haber bastantes, pero ningún argumento puede forzarnos a creerle. La unanimidad de opiniones sobre este punto es asombrosa, y la coincidencia alcanza desde San Agustín y Santo Tomás hasta Kierkegaard, Newman y Gide» [1].

Creo que un buen ejemplo de la verdad de este aserto lo dieron los judíos de entonces y los buenos ateos de hoy. Imposible dar mayores pruebas de ser El quien era, digno de toda fe, por tanto, que las que dio Jesús. ¿Por qué, sin em-

---

[1] Josef Pieper, *La fe* (Madrid, 1966), 39,

bargo, y a pesar de todos los milagros que había hecho en medio de ellos, no quisieron creer en El?

La fe es un acto intelectual, pero no sólo intelectual. Es intelectual en el sentido de ser un asentimiento a lo dicho por otra persona (por Cristo, en este caso), y también en el sentido de apoyarse en motivos que la inteligencia considera válidos y suficientes para dar crédito sin reservas a quien nos habla. Pero —ya se ha visto— la fe exige un acto de voluntad que determine a la razón a asentir, ya que lo que se oye no son verdades evidentes de por sí. Y este acto de voluntad, sea positivo o negativo, puede ser influido por motivos ajenos a un proceso estricta y puramente lógico o racional. Los judíos carecían de argumentos, sobre todo después de la resurrección de Lázaro, para seguir negándose a creer en Jesús, pero determinaron matarle. Ellos tenían su idea, y he aquí que la revelación que Jesús traía y de la que dio tan completo testimonio, venía a destruirla. El dilema estaba en abandonar su idea y creer en Cristo o matar a Cristo que destruía su idea.

Y quizá sea esta actitud la que pueda descorrer un poco el velo y hacernos comprender. Ellos hacían de su propio pensamiento, de sus propias convicciones, la piedra de toque con la que contrastar cualesquiera otras afirmaciones: eran verdaderas en tanto coincidieran con lo que ellos pensaban, y falsas, por tanto, y dignas de ser barridas todas aquellas que no se acoplaran. La revelación mesiánica que Jesús dio a conocer no coincidía con la que los judíos habían decidido (a costa de prescindir de pasajes de los profetas que no encajaban); por tanto, sus palabras eran falsas y destructoras, y Él, que no se corregía ni se acomodaba a su pensamiento, debía ser suprimido. No admitieron siquiera la posibilidad de estar equivocados; su voluntad rechazaba todo cuanto no confirmara la actitud en la que se habían encastillado, y esta decisión, verdaderamente fanática y ciega, les llevó al extremo de cometer el deicidio.

¿Qué es hoy lo que impide la fe? Desde luego parece que para el hombre moderno el milagro carece absolutamente de significación. Es más dado a creer en teorías que en milagros, según parece. Feuerbach —es un ejemplo— escribió que no fue Dios quien creó al hombre, sino el hombre quien ha creado a Dios proyectando a un cielo ideal (por tanto, no existente en la realidad) sus mejores aspiraciones, y concluyendo que Dios no es más que una imagen idealizada del hombre en la que éste se *enajena*. Es verdad que no dio prueba alguna de que lo que decía fuera así, pero ello no ha impedido que verdaderas multitudes se enajenen en la teoría de Feuerbach, y puestas a elegir entre la resurrección de Lázaro y la afirmación del discípulo de Hegel, es decir, entre un hecho y una teoría, se decidan apasionadamente por la teoría.

El autoengrandecimiento del hombre ha alcanzado en el mundo de hoy proporciones casi elefantiásicas. El hombre ha logrado, mediante inteligencia, trabajo, método, paciencia y dedicación, resultados asombrosos en los campos de las ciencias: en biología, en física, en química. Los avances técnicos son impresionantes. ¿Quién se atreve a hablar de milagros a estas alturas? Y ahora, quizá también como nunca, el hombre ha hecho de su propia inteligencia la medida de las cosas y llama a juicio al propio Dios. ¿Qué es eso de Mandamientos de la Ley de Dios? Se ha decidido que está bien lo de *No matarás*. (Nada de violencia, abolición de la pena de muerte, educar a los niños con telefilmes pedagógicos, no darles cachetes que puedan producirles un trauma en el subconsciente y los conviertan cuando sean mayores en asesinos). Pero ¿*no fornicar*? ¿Qué tiene eso de malo? Es un viejo tabú que hay que derribar. (Y se educa sexualmente a los niños con naturalidad desde edad temprana, y se fomentan los desahogos sexuales como terapéutica, y se consideran buenas y útiles y dignas de ser fomentadas las experiencias eróticas, y se distingue cuidadosamente entre *erotismo* y *pornografía*, y se recomiendan los anticonceptivos, y se autoriza el aborto, y el cine entra en crisis si hay censura, y no hay novela que se precie que no introduzca la conveniente dosis de sexo, y el teatro necesita de situaciones eróticas fuertes...).

El hombre se ha erigido en medida de las cosas (como los viejos judíos que no quisieron creer) y niega todo lo que no coincida con su propio pensamiento. Nunca ha dado la humanidad una impresión tan pobre como la que vive en este mundo de hoy; hombres de dos dimensiones, sin profundidad, sin trascendencia, que saben el porqué y el cómo de todo, pero que son incapaces de encontrar el sentido de nada.

Los judíos crucificaron a Jesús. En el mundo de hoy se ha decretado la muerte de Dios. ¡Es un mundo adulto, científico, muy lejos de la credulidad de los tiempos pasados! En los últimos treinta años se ha avanzado más que en los anteriores treinta siglos. Y un grupo de teólogos bien intencionados se han sentido angustiados por esta situación y han comenzado a escribir unos y otros, y este mundo de dos dimensiones que ha prescindido de Dios ha acogido con gran amabilidad el diagnóstico y ha orquestado «la teología de la muerte de Dios», que le ayuda a bien morir. El mundo, ya adulto, no necesita de Dios para nada. Tiene la ciencia que se lo explica todo, y la técnica, que todo se lo proporciona. Un Dios que impone leyes y exige responsabilidades, ¿quién lo necesita? Ya el hombre hará sus propias leyes, aceptando incluso algunas cosas de aquel buen hombre, gran idealista pero muy poco práctico, que fue Jesucristo.

¿Es esto un adelanto? Más bien parece una regresión. Es una actitud demasiado parecida a la de aquellos judíos que «a pesar de los milagros que había hecho delante de ellos, no creían en Él», para que se pueda considerar un avance. Si hoy existe un creciente clima de ateísmo se debe, en primer término, a una actitud, no a un razonamiento. El hombre de hoy, el ateo de hoy, y los que llevan camino de perder una fe que les fue concedida como un don, como una gracia, no se detienen a considerar si los milagros dan o no testimonio de ser El quien es. Han decidido que los milagros son mitos, así que no hay cuestión. ¿La resurrección de un muerto? Bueno, ya se ha logrado reanimar corazones que no latían y volverlos a vivificar y que siguieran funcionando, así que ¿quién sabe lo que nos va a deparar la ciencia?

Ciertamente, ¿quién lo sabe? Pero me pregunto qué es lo que esto tiene que ver con la fe en Jesucristo, ni qué clase de argumento es éste para justificar, con visos de racionalidad, o de razonamiento, la no creencia. La fe no es conclusión de unas premisas, ni tampoco un confortante sentimiento interior. Y la ciencia, por limitarse voluntariamente a un campo muy restringido, ignora (también voluntariamente) todo lo que no cae dentro de sus propios límites: se desentiende de ello, pues no constituye su objeto.

Para prestar asentimiento a las palabras de un testigo (y la fe es asentir a la palabra de Dios prestando crédito a Cristo) es necesario, lo primero, dejar a un lado los prejuicios para encararse honradamente con los hechos. Los judíos habían decidido que Jesús estaba endemoniado y, sobre semejante fundamento, ni una realidad tan visible como la resurrección de Lázaro podía cambiar su cerrada actitud, aunque sí podía (y pudo) endurecerles. La mentalidad materialista de nuestros tiempos ha decidido que lo sobrenatural es un mito, y este dogmatismo apriorístico que cierra el camino a la fe es incapaz de abrirse ni siquiera a los hechos demostrados.

Pero también es necesario —así lo confesaba Peter Wust— una cierta integridad moral. Es la voluntad la que mueve a la inteligencia a asentir a verdades que no son evidentes de por sí, y cuando sobre la voluntad pesan condicionamientos de cierto tipo es fácil que induzca a la mente a inclinarse por los prejuicios, y lo que es peor, a construir sistemas de pensamiento para justificar una actitud, un deseo, un interés. Es cierto que uno tiende instintivamente a creer lo que le conviene, y también que la naturaleza se inclina siempre por lo más placentero. La aceptación de Cristo —es decir, de Dios hecho hombre— encierra consecuencias demasiado duras para quienes cifran la felicidad en conquistar, poseer y disfrutar los bienes de este mundo. Adoradores del Dinero, del Sexo y del Poder no pueden reconocer a un Dios a quien no quieren servir.

No fueron motivos limpios los que influyeron en los judíos para no creer a pesar de los milagros. «Este hombre hace muchos milagros. Si le dejamos así, todos creerán en él, y vendrán los romanos y arruinarán nuestra ciudad y la nación» (Ioh 11, 48). Ellos defendían la conservación de un *status;* que Jesús fuera el Mesías apenas tenía importancia: lo importante era que las cosas se desenvol vieran según sus intereses.

Cuando un hombre ha muerto, para él todo está muerto: el mundo, el pensamiento, los demás, los árboles, todo. Pero el mundo, los demás, el pensamiento, todo sigue viviendo cuando él es ya sólo un cadáver. ¿La muerte de Dios? ¿No seremos nosotros los muertos?

NO TENDRÉIS VIDA

En el capítulo sexto del Evangelio de San Juan se recoge el discurso que Jesús pronunció en la sinagoga de Cafarnaum sobre la Eucaristía, aquel que dio tanto que hablar a los que lo escucharon y proporcionó a la mayoría de ellos la excusa para abandonar al Señor. Hay que reconocer, sin embargo, que dada la situación real del hombre en la creación (me refiero a la tara que dejó el pecado original en la naturaleza humana, que tanto le entorpece para saborear todo lo que hace relación a lo divino), aquella doctrina que se desprendía de las palabras de Jesús «sonaba» a cosa descabellada, al menos tal y como ellos la interpretaron. Nosotros estamos tan familiarizados con ella, en cambio, desde la niñez, que ni siquiera nos hace reflexionar.

Pero cuando se reflexiona, uno comienza a tomar las cosas más en serio y hasta asustarse un poco, incluso, por su actitud habitualmente superficial ante este enorme *mysterium fidei*. Creo que fueron unas palabras de *Camino* las que, no sé por qué, hace ya muchos años, me hicieron pensar en la Eucaristía de una manera distinta a como hasta entonces lo había hecho; distinta no en el sentido de lanzarme por el camino de extrañas especulaciones al margen de la fe recibida por si encontraba algo (?), sino en el sentido de una reflexión más personal, de una consideración más detenida. «Humildad de Jesús: en Belén, en Nazareth, en el Calvario... Pero más humillación y más anonadamiento en la Hostia Santísima: más que en el establo, y que en Nazareth, y que en la Cruz» (C. 533). Aunque parezca irrespetuoso (y quizá lo fuera), se me pasó por la mente ponerme en su lugar y pensé si yo mismo estaría dispuesto a llegar a un grado tal de anonadamiento y limitación por el bien de aquellos a quienes amaba, y la idea casi me dio vértigo.

No es ninguna tontería, os lo aseguro;

tampoco se trata de literatura, belleza en la expresión de algo que ni siquiera importa que sea verdad. No sé si la juventud universitaria de hoy tiene una auténtica preocupación religiosa, y me refiero a la española, naturalmente. No una preocupación por noticias, discusiones, diálogos, teorías y materias de tipo político-clerical o sociológico-religioso de que están llenas algunas páginas de los periódicos y revistas. No aludo a eso, sino a la profundización de las verdades de la fe, a la reflexión, en el silencio interior, de las verdades reveladas.

Pensad un poco. Dios es infinito, todopoderoso, creador de cielos y tierra, de todo cuanto es. La distancia entre Dios y el hombre (una criatura sumamente limitada, por muy grande que se crea) es tal que apenas se puede concebir, porque es una distancia infinita. Pensar en el infinito, como pensar en la eternidad (aunque me parece que hoy día nadie lo hace), es algo que acaba abrumando y casi estremeciendo. Somos demasiado pequeños para abarcar tanto. Bien, el mismo Dios, sin embargo, recorrió esa distancia y se abajó infinitamente para tomar carne mortal, asumiendo la naturaleza humana en la persona del Verbo. ¿Os imagináis lo que esto supone? El que es todopoderoso se redujo a la condición, infinitamente inferior, de un simple hombre, con toda la dependencia y limitación y servidumbre que la humana naturaleza lleva consigo.

Habréis leído, supongo, algunos de vosotros al menos, *La Metamorfosis*, de Kafka. Aquel hombre, el protagonista, al despertarse una mañana, se encuentra convertido en un repugnante bicho, aunque no recuerdo exactamente cuál. El se da cuenta, porque sigue con su inteligencia que discurre, y él piensa y razona; pero no puede hacerse entender, no puede comunicarse con los demás, no puede expresarse como un hombre, porque toda su capacidad ha quedado reducida por lo inadecuado y pobre de la naturaleza en que se ha encerrado. Y este hombre sufre porque, además de experimentar su espantosa limitación, se da cuenta de que los demás no saben, de que le van a tratar según le ven. ¿Seríamos capaces, por aquellos a quienes amamos, de aceptar voluntaria y gustosamente semejante condición?

Debo aclarar que la imagen es por completo inadecuada con respecto a la Encarnación del Hijo de Dios, aunque quizá no del todo respecto a darnos una cierta idea de limitaciones y distancias.

¿Quién de nosotros aceptaría encarnarse en un irracional, sin dejar de ser él mismo? Y, sin embargo, la distancia descendente que el hombre recorrería en este supuesto sería tan ridícula, en comparación de la que Dios recorrió para hacerse hombre, que eso y nada sería lo mismo.

Pero pensad ahora en el paso siguiente. Un hombre, después de todo, tiene inteligencia y voluntad; puede expresarse y conocer, amar y tener iniciativas, ser dueño de sus actos, hablar y escribir, captar la belleza de los seres y tantas otras cosas. Un irracional todavía puede sentir, ver, moverse, llamar la atención sobre sí, mostrarse o esconderse. Pero ¿y una cosa? Un objeto inerte ni siquiera tiene vida. Después de contemplar la humillante muerte de Dios-Hombre en la cruz uno se pregunta si es posible todavía una mayor humillación, un anonadamiento más grande aún. Y la Eucaristía es la respuesta: sí es posible.

Un pedazo de pan ácimo de harina de trigo: eso es lo que hay sobre el altar antes de la consagración. Una cosa sólo, y una cosa bien insignificante por cierto. Ahora bien: en cuanto el sacerdote —¡otro Cristo!— ha pronunciado las palabras de la consagración, ya no es un poco de pan, es Jesucristo, verdadero

Dios y verdadero hombre, en cuerpo, sangre, alma y divinidad, tan alto y tan poderoso como está en el cielo. ¿Es que nos engañan nuestros ojos? No. Lo que nuestros ojos ven, lo que nuestro tacto percibe, lo que nos muestran los sentidos, es lo mismo que antes: una forma, un tamaño, un color, un gusto. La *apariencia* es la misma que la que antes tenía aquel poco de pan, pero ahora, a pesar de todas las apariencias, aquello ya no es pan, ni siquiera un pan al que simbólicamente se ha unido una presencia y una significación sagrada. No, aquello *es* el cuerpo de Jesucristo. No es que simplemente el pan se convierta en cuerpo, y el vino en sangre, sino que se convierten, precisamente, y siempre, en *el* cuerpo y *la* sangre de Jesucristo.

Si Dios, al encarnarse, se abajó hasta ponerse a nuestro nivel, ahora, al prescindir hasta de la forma humana para quedarse en la hostia, podemos decir que su anonadamiento le ha llevado a ponerse por debajo del nivel humano: «Y se entrega nuevamente —dice Knox— en manos de los hombres, no en la obediencia de una voluntad humana, sino, si podemos atrevernos a decirlo así, con el funcionamiento mecánico que podemos esperar de las cosas materiales; se entrega a sí mismo no sólo como sirviente, sino como instrumento, para ser utilizado por nosotros y para nosotros»[1].

«Por nosotros y para nosotros». ¿Qué fue lo que dijo en el discurso de Cafarnaum? «Yo soy el pan vivo bajado del cielo; si alguno come de este pan vivirá para siempre, y el pan que yo le daré es mi carne, vida del mundo» (Ioh 6, 51). He aquí la razón por la que el Señor se nos da como alimento real y verdadero: para que tengamos vida. Y es tan categórico que precisa las cosas hasta el extremo de hacer imposible toda duda, toda confusión o ambigüedad: «El que come mi carne y bebe mi sangre tiene vida eterna, y yo le resucitaré en el último día. Porque mi carne es verdadera comida y mi sangre es verdadera bebida».

Comprendo que es difícil encontrar palabras para expresar la inmensidad del amor que este prodigio supone. Un amor tan grande que, cuando se piensa a fondo, da vértigo, de tan tremendo, de tan fuera de toda medida humana. Sería necesario que algún gran teólogo, que fuera al mismo tiempo un gran santo, encontrara el lenguaje adecuado para llegarnos al corazón; sería precisa toda la piedad

---

[1] KNOX, *Sermones pastorales* (Madrid, 1963).

y el amor que sentía por la Eucaristía, por ejemplo, Santo Tomás de Aquino cuando escribió aquel maravilloso canto que es el *Adoro te devote*. Sobre todo, sería particularmente conveniente hoy, en estos años confusos en los que, so capa del Concilio Vaticano II, tantos ensayos se vienen haciendo con el Sacramento sin amor y sin respeto hacia el Santo de los Santos; en estos años en los que, en nombre de la «libertad para la investigación teológica», pero abusando manifiestamente de ella, tantas teorías se han lanzado con imprudente ligereza y tan hábilmente se ha procurado eludir con cuidado, en nombre de no sé qué especie de ecumenismo o filosofía, hasta la palabra *transubstanciación*.

Sí, sería muy necesario que algún gran santo nos hablara hoy del tremendo amor de Dios a los hombres, de ese amor sin orillas ni final que le lleva hasta despojarse de la forma humana para quedarse entre nosotros en un sagrario. Un amor que le expone a la indiferencia, a la soledad, a la incredulidad burlona, al desprecio, a la profanación y al sacrilegio tan sólo para que nosotros, para que cada uno de nosotros, le pueda hallar en cualquier momento, para que podamos llegarnos a El cuando todo a nuestro alrededor falla y no tenemos a dónde ir, ni a quién recurrir, ni a qué asirnos. Ahí le tenemos, hecho alimento para mantenernos vivos. ¿Puede alguien pensar, a no ser un loco, que sin comer va a seguir viviendo indefinidamente? También es necesario un alimento para mantener la vida sobrenatural, esa que no está ligada a la muerte física, pero que puede terminar por el pecado o la inanición. Para que viviéramos se nos da El mismo en alimento.

Si mudamos ahora el objeto de nuestra reflexión y lo trasladamos desde la actitud de Dios para con nosotros (un amor tan enorme que le lleva a dársenos en alimento como pan vivo) a la actitud que nosotros adoptamos respecto a El, entonces lo primero que podemos observar es una patente contradicción entre nuestra fe y nuestra conducta. Y lo segundo, un agudo contraste entre la generosidad con que Dios nos trata y la mezquindad con que nosotros le tratamos a El.

Mirando nuestras vidas, las vuestras, la mía, la de los jóvenes y mayores que nos rodean y entre los que diariamente nos movemos, la de las gentes que se afanan en las ciudades y los pueblos, mirándolas con ojos desapasionados y con fría lucidez, cualquier no creyente puede llegar a algunas conclusiones que serán o no ciertas, pero sí lógicas. Y desde luego, nada favorables.

He aquí —puede decir— a unos hombres que tienen la certeza de que Jesucristo, verdadero Dios y verdadero hombre, está en la Eucaristía, de un modo tan real como lo estaba durante su vida mortal ante los apóstoles, ante las multitudes que le escuchaban, ante los que recibían el beneficio de sus milagros. Saben con certeza, porque así se lo dice la fe que profesan, que lo más grande que pueden hacer en la vida es recibir la Eucaristía, porque en ella reciben al mismo Dios; saben que no hay nada en el mundo que pueda ser más importante que esto, que ninguna riqueza, ningún éxito, ningún negocio puede resistir la comparación. Saben —así se lo dice la teología— que una pizca de gracia divina supera en mucho al universo con todos los tesoros que contiene. Pero la verdad es que, si lo creen así, no se explica su comportamiento, porque teniendo semejante **tesoro** al alcance de la mano no parece que se molesten siquiera en extenderla (al menos, en general) para apropiárselo. Si se les dijera que en determinado lugar había gran cantidad de dinero a disposición de cualquiera, y que todo lo que se requería para poseerlo fuera ir a buscarlo, muchos irían a por él con frío y barro, con lluvia o temporal, con calor y sequedad, sin importarles las dificultades por la esperanza de la riqueza. Pero algo mucho más valioso no merece de la mayoría el más leve esfuerzo.

Bien, quien así discurriera quizá no tuviera en cuenta el pecado original, la flaqueza humana y tantas otras cosas. A pesar de todo, sin embargo, nuestra inconsecuencia seguiría subsistiendo. Quizá recordéis del catecismo de la doctrina cristiana que aprendisteis de niños aquella condición que se requería para hacer una buena comunión: «saber y pensar —decía— lo que se va a recibir». Saber, lo sabemos todos. Pero pensar... ¿No es cierto que muy raramente pensamos en ello, si es que alguna vez lo pensamos? Somos la mayoría de nosotros —me parece— como quien tiene una gran fortuna y está tan ocupado, tan distraído en pequeñas minucias, que lo ha olvidado por completo y anda con hambre, sucio y harapiento. O también puede suceder (creo que muy rara vez) que el respeto por la grandeza del Sacramento sea tan grande, y la conciencia de la propia indignidad tan clara, que le aparte de recibirle. Pero si un niño tuviera por sus padres un respeto tan grande y una conciencia tan clara de lo mal que lo hacía todo (es lo normal en los niños), que jamás se atreviera a darles un beso, pienso que no les iba a hacer muy felices.

Lo general, sin embargo, creo que no es esto, al menos en una gran parte de la juventud. Lo general, si os molestáis en observaros a vosotros mismos y a vuestros compañeros, es que el interés que de hecho muestran por recibir el pan vivo y tener vida eterna es notablemente inferior al que sienten por cualquier bagatela. Y, sin embargo, el Señor dijo: «En verdad os digo que si no coméis la carne del Hijo del hombre y no bebéis su sangre, *no tendréis vida en vosotros*» (Ioh 6, 53).

«No tendréis vida en vosotros». Naturalmente, se refiere a vida sobrenatural, a vida eterna. Y tal como viene expresado, la recepción del Sacramento es indispensable: si uno recibe este alimento, tiene vida eterna; si no lo recibe, no la tiene. Todo esto está muy claro y no ofrece mayor dificultad. Entonces, ¿cómo puede explicarse el alejamiento de tan gran número de católicos de la Eucaristía? ¿Cómo se explica que se tenga tiempo para tantas cosas inútiles, para perderlo de la manera más estéril, y no se encuentren unos minutos para hablar con El diariamente o para recibirle? Quizá la contestación obvia, al menos aparentemente, sea ésta: no tienen ningún interés en ello. No resulta divertido, es un aburrimiento, no me dice nada, etcétera, etc. En resumen, tener o no tener vida eterna no parece que sea una cuestión que hoy, entre los universitarios católicos, ocupe ni siquiera un lugar entre preocupaciones tan accidentales como las que suelen ocupar el tiempo en las cámaras y asambleas estudiantiles. Y no digamos de las otras generaciones, para las que un cocktail, una cena de negocios, un desayuno de trabajo y todo lo demás les convierte en hombres tan ocupados que tampoco tienen tiempo.

Hoy se habla mucho de la generosidad de la juventud, aunque ello no sea nada nuevo, pues siempre se ha dicho que la juventud es generosa. Las generalizaciones, sin embargo, son peligrosas. Uno —y me refiero también a los jóvenes— puede ser muy generoso en algo y muy tacaño en otras cosas. Hay quienes son muy generosos con su tiempo y muy poco con su dinero; otros son al contrario. La avaricia, el cálculo, incluso el ahorro, no suelen ser notas características de la gente joven. Con toda la vida por delante, con menos ataduras que los mayores, con los ideales intactos, con pocas responsabilidades, los jóvenes tienden a darse impetuosamente, acaso también irreflexivamente. Quizá sea eso lo generoso. Lo que sí es evidente es que la juventud no es conservadora. Ni puede ni tiene por qué serlo, entre otras razones porque todavía no ha tenido oportunidad de hacer nada que merezca la pena ser conservado.

Pero concediendo que sea generosa, no me lo parece que lo sea con Dios. En este aspecto el despilfarro es mínimo. En efecto, al amor de Dios hacia nosotros que le lleva al anonadamiento en la Eucaristía (¿podéis imaginaros una mayor indefensión, una mayor entrega en manos de los hombres?), ¿cómo responde la gente joven? Dice un viejo adagio que «amor con amor se paga». Si hemos de conocer el árbol por sus frutos, mi impresión en este aspecto es que el amor que se tiene a la Eucaristía no es muy grande; más bien es muy pequeño. Y todavía peor, hoy no ha mejorado mucho la juventud universitaria respecto a hace veinte años, al menos en España; cabría haber esperado de ese cristianismo adulto, que tan presente está en la boca y las publicaciones de algunos sectores, una mayor conciencia de verdades tan fundamentales como ésta, y también una mayor consecuencia en la conducta, pero hasta la fecha este tipo de cristianismo —al adulto me refiero— no ha debido pasar a la vida, al menos en este aspecto.

A veces, incluso me pregunto si nuestra actitud ante Dios hecho pan vivo para darnos vida no será demasiado despectiva. Entendedme. No me refiero al desprecio que nace del aborrecimiento, al desprecio intencionado o consciente. Este tipo de desprecio —que también existe, sin embargo— es diabólico, fruto del odio a Dios. Me refiero más bien a ignorarlo, a no concederle importancia, a trivializarlo, como si no significara nada más allá de una «cosa» que hay en las iglesias con una lamparilla encendida, que nada tiene que ver con el ser y la vida personal de cada uno.

Ciertamente, nuestro Dios es un Dios escondido, que sólo es encontrado por quienes le buscan, consciente o inconscientemente pero de verdad. Y en la Eucaristía se ha escondido muy bien. Está tan velado por las apariencias de pan y de vino que solamente la fe y el amor («creemos porque amamos», decía Newman) pueden penetrar a través de los velos que lo encubren y descubrir su presencia. Quienes carecen de fe y amor son como los ciegos para la realidad: tienen ante ellos un mundo lleno de color, de formas y de vida, pero ellos no lo pueden ver. Acaso Dios haya querido que todo fuera así para que, una vez más, pudiéramos elegir con plena libertad, sin condicionamientos sensibles o circunstanciales, entre el pan de vida y otras cosas, dándonos oportunidad de mostrar nuestras preferencias.

Pero pensemos que si la Iglesia está pasando por un momento tan duro, quizá una de las causas sea la poca vida que hay en nosotros, y entonces, en lugar de teorizar, quizá lo conveniente sea comenzar por incrementarla con el alimento que tan generosamente se nos da. Y es seguro que agradaremos a Dios ateniéndonos a lo que dice el Evangelio y viviendo según El nos dice. Al fin y al cabo, más que El no sabemos nosotros, ni siquiera con referencia a lo que nos conviene. Sería, en verdad, muy triste que con tantas pretensiones como hoy tenemos resultara que por nuestro alejamiento del pan vivo tan sólo fuéramos un montón de muertos.

EL ODIO DEL MUNDO

Supongo que todos vosotros habréis oído alguna vez una expresión que tuvo bastante éxito en los años del Concilio Vaticano II, sobre todo por lo que la airearon algunos sectores y porque, en cierto aspecto, ha caído bien entre los católicos que ejercitan aún hoy la pluma en lo que se llamó, allá por los años cincuenta, «crítica del catolicismo». Me refiero a la palabra *triunfalismo* (y sus derivadas). Era una palabra expresiva, con un cierto sabor humillante, muy eficaz para arrojarla sobre la cabeza del adversario y descalificarlo prácticamente ante eso que se llama el gran público.

No es que quiera yo hablar de semejante cosa ahora (ni nunca, probablemente), pero si me gustaría que observaseis que, en un sentido y dejando aparte el *ismo*, todo cristiano no puede menos que tener una cierta actitud interior de seguridad, de certeza, en el triunfo de su propia fe. Y no por un indefinible sentimiento interior, ni por fanatismo cerril, ni tampoco por simple cabezonería, sino porque el Evangelio nos enseña que Jesucristo resucitó de entre los muertos (lo cual no es una mera afirmación, sino un hecho real), porque El dijo que «los cielos y la tierra pasarán, pero mis palabras no pasarán jamás», porque San Pablo recuerda que «si Dios con nosotros, ¿quién contra nosotros?», porque San Juan escribe que el Señor, previendo los acontecimientos, dijo: «en el mundo tendréis muchas tribulaciones, pero tened confianza: Yo he vencido al mundo». Podría daros muchas más razones, pero sería cansaros en vano y no aumentaría un ápice el valor o la fuerza de las que os he citado, pues una sola palabra de Cristo es suficiente.

No cabe la menor duda, para quien haya estudiado la historia de la Iglesia, de que hasta la fecha ha triunfado en el cumplimiento de su misión. Ha guardado íntegramente el depósito de la revelación y lo ha transmitido y enseñado con absoluta fidelidad, sin quitar ni añadir cosa alguna; ha comunicado constantemente la vida divina a los hombres por la administración de los Sacramentos, y constantemente también ha venido ofreciendo el sacrificio del Hijo en alabanza de Dios y en reparación de los pecados del mundo; ha regido con el amor y la solicitud de una madre la porción de la humanidad a ella confiada, sin desatender por ello la predicación de la Palabra a todas las gentes, enseñándolas a observar cuanto Jesucristo enseñó.

Y todo eso lo ha venido haciendo desde hace veinte siglos, y lo ha hecho a pesar de todo. A pesar de la incomprensión, de las asechanzas de los poderosos de la tierra (llámense Francisco José, Revolución francesa, Hitler o Napoleón) para reducirla a un instrumento del Estado, a pesar de la persecución o el martirio, a pesar, también, de la traición, deslealtad, defección, flojera o desinterés de algunos de sus hijos, eclesiásticos incluidos.

Pero la Iglesia —pueblo de Dios, Cuerpo Místico de Cristo—, que sabe que su triunfo es seguro, sabe también que lo será siempre al precio del sacrificio, o si queremos expresarlo aún mejor, al precio de la Cruz. Y esto, me parece, lo hemos olvidado sus hijos, y especialmente en estos tiempos que corren, cuando los desmitificadores y los desacralizadores pretenden reducir la religión de Cristo a un modesto humanismo de tipo sociológico o antropológico que pueda «insertarse» en la sociedad arreligiosa que nos rodea, con la esperanza, sin duda, de convertirla a Cristo por este suave procedimiento.

Por eso quisiera hoy recordaros un pasaje del Evangelio de San Juan sumamente luminoso a este respecto, porque me parece que lo hemos olvidado. Estas son las palabras del Señor: «Si el mundo os aborrece, sabed que primero que a vosotros me aborreció a mí. Si fuerais del mundo, el mundo os amaría como cosa suya; pero como no sois del mundo, sino que yo os entresaqué del mundo, por eso el mundo os aborrece. Acordaros de aquella sentencia mía que os dije: No es el siervo mayor que su amo. Si me han perseguido a mí, también os han de perseguir a vosotros; como han practicado mi doctrina, del mismo modo practicarán la vuestra» (Ioh 15, 18-21).

No parece muy alentador, ¿verdad? Y, sin embargo, en uno de los momentos más densos de la vida del Señor, en aquellas horas que precedieron a su prendimiento, cuando se despedía de los suyos y les hablaba con el corazón, ese panorama fue desplegado ante la mirada de sus discípulos para que supieran a qué atenerse, para que no hubiera malentendidos. No es una trayectoria triunfal en la tierra y en el mundo la que les pronostica. Al menos, no en el sentido que el mundo da a esta expresión. Precisamente es todo lo contrario; es en el más allá donde se manifestará el triunfo obtenido sobre el espíritu de este mundo por los discípulos del Evangelio.

Hay un modo de entender la palabra *triunfo* que no se corresponde exactamente con el que le solemos dar al utilizar este término en la conversación ordinaria. Sin embargo, si nos fijamos bien, no cuesta esfuerzo percibir que en estos últimos años (y también ahora, en nuestros días) parece como *si* se pretendiera un triunfo mundano del Evangelio, como si la palabra triunfo *si* se utilizara en el mismo sentido con que la utiliza el mundo. Se ha hablado tanto de las masas descristianizadas, del «fracaso» de la Iglesia, de los valores del marxismo, de la necesidad de que la Iglesia se adapte al mundo para no vivir inmóvil de espaldas a él, que no faltan católicos (incluso eclesiásticos) que preconizan no una conversión del mundo a Dios para integrarse en la Iglesia, pueblo de Dios, sino una conversión de la Iglesia al mundo. Ello significaría asumir los valores del mundo, aun cuando para ello hubiera que expurgar el Evangelio.

Y éste sería, quizá, un camino, o el camino, para un triunfo de la Iglesia *en* el mundo (pero no *sobre* el mundo); y parece que, si actualmente existe una actitud que pueda llamarse con toda propiedad triunfalista, es la de quienes aspiran a ello, a ese estadio de bienaventuranza terrena en el que la Iglesia, acomodada a todos los criterios, a todos los postulados y a todas las exigencias del mundo, estuviese plenamente integrada en él. La única sombra que existe en tan risueño panorama es que ni Jesucristo, ni *su* Iglesia, ni el Evangelio tienen nada que ver con esta marcha triunfal.

La vida de la Iglesia en el mundo, si se permite expresarlo así, es una lucha contra corriente. Siempre lo ha sido. Y no parece que sea ninguna fantasía asegurar que la vida de todo cristiano en el mundo tiene que ser, como la de su Madre la Iglesia, una lucha contra corriente, siempre y cuando, claro está, ese cristiano quiera vivir de acuerdo con su fe.

Nadie dijo nunca que seguir la doctrina de Cristo, que ser consecuente con el espíritu y las enseñanzas del Evangelio, fuera cosa fácil. Ya veis, el mismo Señor se cuidó de desengañar a sus discípulos de posibles idealizaciones entusiastas, de rosadas imaginaciones triunfalistas, cuando les habló, y muy claramente por cierto, de lo que podían esperar por su lealtad hacia El: aborrecimiento, persecución, fracaso.

¿Fracaso? Según como se mire, me parece. Porque si medimos las cosas, los acontecimientos, con criterios de este mundo —y esto es algo que un cristiano no puede hacer, a no ser que haya abandonado los criterios del Evangelio—, claro está que la vida del Señor fue, con toda evidencia, un fracaso, quizá el mayor fracaso, el más estrepitoso que jamás se haya dado en la Historia. Ignoro si habrá muchos entre vosotros que hayan reflexionado una sola vez sobre aquel estremecedor versículo de San Juan que recoge una de las exclamaciones del Señor en la Cruz: «Padre, ¿por qué me has abandonado?». Un final muy trágico, pero muy poco glorioso: juzgado y condenado por su propio pueblo como impostor, juzgado y condenado por el tribunal romano, ejecutado en el patíbulo con dos delincuentes comunes; denunciado por uno de sus discípulos, negado por otro, abandonado por los demás. Sólo su Madre, un discípulo, el más joven, y algunas mujeres que le acompañaban en aquella hora terrible fue todo lo que le quedó. Puesto a prueba en última instancia por los que le condenaron —«si es el Rey de Israel, que baje ahora de la cruz y creeremos»—, el resultado fue negativo. Y como colofón, la máxima soledad y angustia: «Padre, ¿por qué me has abandonado?».

Y, sin embargo, lo que según los criterios de este mundo se mostraba como un gran fracaso, fue en realidad el triunfo definitivo, contundente, sobre el pecado, sobre el espíritu de este mundo y sobre la muerte. Lo que fue un escándalo para los judíos, y una necedad, una tontería, para los gentiles, para nosotros (así dice San Pablo: para nosotros, para los que creen que Jesús es el Hijo de Dios) es salvación. No terminó todo en el Calvario. Aquello no fue el fin, sino el comienzo: «¿Acaso no era conveniente que el Hijo del Hombre pasara por estas cosas antes de entrar en su gloria?». ¿No había dicho el Señor, refiriéndose a sí mismo, que si el grano de trigo no se entierra y muere no da fruto?

Los discípulos fueron muy bien instruidos, de eso no cabe duda. Antes de comenzar la misión. que se les había confiado supieron perfectamente a lo que se iban a exponer, el pago que iban a recibir del mundo por su servicio, el precio que tendrían que pagar por su lealtad a Cristo, su Señor, y por la fidelidad a la doctrina que se les había comunicado para enseñarla a los hombres y salvarlos. Ellos lo supieron, pero nosotros, me parece, lo hemos olvidado.

Hoy, los que nos confesamos discípulos de Cristo, no parece que estemos muy interesados en este aspecto del Evangelio. Debo reconocer, además, que los sacerdotes de la Iglesia, una de cuyas obligaciones es precisamente enseñaros estas cosas, no estamos cumpliendo (al menos, algunos) muy bien el mandato de predicar el Evangelio de Cristo tal cual es y tal como ha sido siempre enseñado por la Iglesia. Más bien damos la impresión (algunos, al menos) de que tenemos miedo que os marchéis si ponemos las cosas demasiado duras, de querer hacer «atractiva» la doctrina de Jesucristo dejando en una bien velada penumbra lo que se nos figura que no os gustará, o resaltando lo que nos parece que os puede gustar. O también tomando pie de alguna frase del Evangelio para hablaros de problemas o cuestiones puramente temporales que están en el ambiente, y aun eso del modo y con las palabras que, una vez más, se nos figura que os pueden arrastrar, aunque no adivino a dónde. Pero no son palabras, sino la Palabra, lo que debéis conocer por encima de todo.

Y es entonces, cuando se conoce el Evangelio —palabra de Dios—, cuando precisamente uno comienza a encontrar sentido a ese mundo espasmódico que nos rodea, y verifica aquella sentencia de la Escritura de que no hay nada nuevo bajo el sol. Es entonces, también, cuando uno comienza a darse cuenta de lo que es ser cristiano y de todo lo que ello implica, y cuando aprende la primera lección, si es capaz de darse cuenta: que ser cristiano es estar *irrevocablemente* —fijaos bien: *irrevocablemente*— comprometido con Cristo. Y aquí no se admite, porque no es posible, un género de neutralismo, de no tomar parte en el asunto, que está muy al día y que si en problemas de carácter puramente temporal es admisible por tratarse de cuestiones opinables (y, por tanto, no dogmáticas), está absolutamente vedado en todo cuanto a El se refiere; «El que no está conmigo está contra Mí, y el que no recoge conmigo desparrama». Así de claro lo dijo, para que no hubiera dudas acerca de a qué atenerse.

Comprendo que podéis alegar cierta disculpa. Acaso no os hemos enseñado bien la doctrina de Jesucristo. Creo sinceramente que los sacerdotes tenemos una tremenda responsabilidad delante de Dios por mil equivocadas intransigencias (en el pasado) y por otras mil equivocadas condescendencias (en el presente); pero los equivocados seréis vosotros si pensáis que con ello quedáis libres de responsabilidad. El Evangelio es un libro bien barato y al alcance, no ya de cualquier fortuna, sino de cualquier penuria, y me temo que son muchos los que llamándose cristianos —es decir, discípulos de Cristo— lo ignoran por completo. Y si es excusable este hecho en un peón que apenas si sabe leer, no lo es en absoluto en un universitario, a lo que me parece. Quizá esto explique que la idea que muchos tienen del Evangelio sea tan pobre como convencional la del catolicismo que profesan; así, no es extraño que no sientan el menor entusiasmo por todo ello e incluso que vayan dejando que su fe se les muera poco a poco de inanición dentro de ellos mismos.

Pero que esto sea explicable no quiere decir que esté justificado, porque algo (y aun mucho) podíais haber hecho y ni os pusisteis a ello siquiera.

El Señor venció al mundo. También sus discípulos lo vencieron y, siguiendo hasta la última consecuencia la doctrina recibida, configuraron el mundo según su fe, porque estuvieron dispuestos a pagar el precio de sufrimiento que su adhesión a Jesucristo (no a unas opiniones o a unas teorías) les exigió.

Nosotros, creo, no estamos siguiendo el mismo camino. Es el mundo quien nos está conformando a su imagen y semejanza; hemos puesto en un primer plano (o, por lo menos, lo parece, a juzgar por el interés, el tiempo y el empeño que ponemos) el éxito, el dinero, el nivel de vida, prestigio, triunfo, lucimiento personal, confort, todo ello como objetivos por los que luchar. Como *objetivos*, cuando no son más que *consecuencias*. Con razón ha podido Maritain hablar de ese nuevo tipo de cristiano contemporáneo —incluyendo un también nuevo tipo de eclesiástico— que se pone de rodillas ante el mundo, extático ante sus logros, sus adelantos, su técnica. Por eso, quizá, parece ser que hoy el mundo ya no nos aborrece: nuestras vidas no constituyen una negación de sus postulados y una afirmación del Evangelio.

Pero observad que si el mundo aborreció al Señor, el Señor, en cambio, no aborreció al mundo. El mundo nos puede odiar, pero nosotros no podemos pagarle con la misma moneda, porque nosotros somos hijos de Dios, y «Dios amó tanto al mundo que no cejó hasta dar a su Hijo Unigénito, a fin de que todos los que crean en El se salven y vivan vida eterna. Pues no envió Dios a su Hijo al mundo para condenar al mundo, sino para que por su mediación el mundo se salve». Y si Dios amó al mundo, a ese mundo que El creó y vio que era bueno, y lo amó hasta ese extremo, ¿cómo podríamos nosotros odiarlo? Jesucristo murió para salvarlo del desorden y la maldad en que le sumió el pecado, para hacer de él un lugar donde los hombres pudieran vivir en paz como hermanos, como hijos de un mismo Padre que habitan en la misma casa. Pero no veo cómo nosotros podemos contribuir a salvarlo si estamos tan poseídos por él que ya no somos capaces de ver en la Iglesia de Cristo otra cosa que la estructura, y aun ésa para condenarla.

Dicen los que entienden (o, por lo menos, los que tienen el prestigio de que saben) que hoy la juventud protesta precisamente contra esa podrida sociedad que les rodea; que la «sana rebeldía de la juventud» se dirige contra los convencionalismos, contra la falta de sentido de esa sociedad de consumo en que vivimos, contra unas estructuras injustas, mezquinas, hipócritas y egoístas. Supongo que no incluyen en esa juventud a los miles y miles de *fans* de los ídolos de la canción, a esa multitud de jóvenes cuya notable capacidad adquisitiva está enriqueciendo a cantantes, conjuntos musicales y casas de discos por el consumo realmente inusitado de l.p. y «singles»; y lo supongo así porque este sector de la juventud parece ser uno de los productos de la sociedad de consumo que más a gusto se encuentra en ella y que más contribuye a darle realce. Por otra parte, no sé hasta qué punto en la «sana rebeldía de la juventud» se integra ese joven mundo poético, florido, un tanto errante, que no trabaja, consume drogas, ha superado el sexo, se ha encontrado a sí mismo y tan amplio eco le ha sido concedido por los medios de información. La juventud obrera no parece tampoco estar incluida. La verdad es que este tipo de jóvenes están tan ocupados en trabajar, en cumplir su propio quehacer, que no tienen tiempo de resolver los problemas del universo porque todo el que tienen disponible lo necesitan para mejorarse a sí mismos. La juventud que protesta parece ser, pues, fundamentalmente la juventud universitaria o parauniversitaria.

Bien. Es indudable que hay mucho que hacer, mucho que reformar, mucho que mejorar. Pero ¿cómo? Me temo que la reforma de las estructuras sea un for midable pretexto (en algunos. Si pocos o muchos, no lo sé) para no ocuparse en la propia reforma, en ese cambio que el Evangelio exige y que cada uno —con la ayuda de la gracia; si no, es inútil empeñarse— debe realizar en sí mismo. Y sin embargo, éste es el único camino (negarse a sí mismo, tomar la cruz y seguir a Cristo) para cambiar, de verdad y de modo eficaz, al mundo en todas sus estructuras, como lo hicieron aquellos antepasados nuestros, los primeros cristianos. Ellos tuvieron la suficiente fe en Cristo para hacerle caso y vivir según su doctrina, y ella les dio la fortaleza para pagar el precio.

Es verdad que les costó siglos, sangre (la suya, no la de otros), humillaciones sin cuento (para ellos, no para otros), incomprensión y desprecio; pero ellos ya sabían que seguir a Cristo no iba a granjearles el cariño del mundo. Cambiaron el mundo. Y lo consiguieron sin destruir, sin condenar, sin hacer daño, sin ira y sin resentimiento. Eso sí: con fe en Cristo, con mucha oración, con una paciencia infinita, con penitencia, afanándose en el diario trabajo bien hecho, con privaciones, con una gran capacidad de comprensión para las equivocaciones ajenas, perdonando siempre y con amor. A decir verdad, jamás intentaron cambiar las estructuras. Simplemente, cambiaron a los hombres y el resto vino por sí solo, de añadidura, como consecuencia inevitable y necesaria. El mundo —«este mundo»— los odió, los persiguió, los martirizó, igual que a su Maestro; ellos, como su Maestro, lo amaron hasta el extremo de soportarlo todo por salvarlo. Y, también como el Señor, ellos vencieron al mundo.

En cuanto a nosotros, si lo que buscamos son éxitos al modo del mundo, un triunfo de la Iglesia *en* el mundo, un triunfo de la justicia mediante cambios de estructuras, además de estar abocados al fracaso y de trabajar (en vano) por una «adaptación» del Evangelio, habremos desperdiciado el tiempo y el esfuerzo en algo sumamente efímero. Las estructuras son importantes, eso no lo duda nadie. Y si están mal, si son defectuosas, o injustas, u opresoras, o desfasadas, hay que cambiarlas, porque son el contexto en el cual los hombres deben vivir y realizar su tarea, y existen para ayudarles, no para impedírselo. Pero no podemos quedarnos en la superficie del problema, ni ser tan ingenuos como para creer que basta cambiar el cauce para purificar el agua. No son las cosas de fuera lo que manchan al hombre; las estructuras no hacen más que reflejar lo que los hombres llevan dentro: su concepto de Dios, del mundo, de las cosas, de los hombres, de sus relaciones, de la existencia misma.

No nos engañemos. Si un problema se plantea bien, hay muchas probabilidades de que se resuelva bien; pero si se plantea mal, sería un milagro encontrar como resultado una solución adecuada. Si queremos salvar al mundo éste que tan injusto encontramos, no podemos pactar con él, porque lo primero que hace falta es que nosotros mismos estemos a salvo; y hemos pactado cuando no luchamos por arrancar de nuestro propio interior la injusticia y el egoísmo, la ley del mínimo esfuerzo y la soberbia, la ira y la sensualidad, en fin, todos esos criterios tan de hoy y que tan profundamente se nos han metido dentro.

Os aseguro que no tenéis nada que hacer (nada que valga la pena, quiero decir) mientras no conozcáis el Evangelio y os esforcéis por vivir en consonancia con él, mientras pesen más en vosotros las teorías de los intelectuales que la palabra de Dios. Vosotros veréis si merece la pena poneros a ello. Una cosa os digo: si lo hacéis, podéis estar seguros de que el panorama cambiará de raíz, porque vosotros habréis cambiado, y al hacerlo, estaréis en condiciones de iniciar el cambio a vuestro alrededor. Si no es así, podéis cambiar todas las estructuras, todos los condicionamientos, y todo seguirá lo mismo (lo mismo no, peor) que antes. Un millón de hombres codiciosos, egoístas, injustos, lascivos y coléricos seguirán dando como resultado una sociedad colérica, egoísta, injusta, codiciosa y lasciva por muy distintas que sean las estructuras. No se trata de cambiar las cosas muertas, inertes, productos de hombres; a éstos hay que cambiar, pero comenzando cada uno por sí mismo. Al fin y al cabo, es lo que tenemos más a mano y sobre lo que tenemos todos, absolutamente todos (y no sólo las minorías) algún poder. El resto vendrá luego, y por añadidura, como una consecuencia necesaria.

¿QUÉ ES LA VERDAD?

La lectura reposada del juicio a que fue sometido Jesús, ya por parte de los judíos, ya por parte del procurador de Roma, es mucho más instructiva de lo que habitualmente se piensa. El proceso de Jesús, a pesar de la atención que sobre él hizo recaer Diego Fabri, sigue cediendo ante la sentencia con que culminó y su ejecución. Con todo, yo os aconsejaría su lectura a fondo, porque se aprende mucho. En particular, el interrogatorio a que fue sometido Jesús por Pilato, las respuestas que le dio, el diálogo (¿o forcejeo?) entre el procurador romano y los judíos, y por último, esa escena final de un juez fastidiado e inquieto lavándose las manos en un inútil y mezquino gesto de echar su responsabilidad sobre hombros ajenos, constituyen un conjunto de lecciones verdaderamente apasionante.

Si miramos de modo global la actuación de Pilato aparecen algunas contradicciones que, a pesar de serlo, tienen seguramente una explicación. Estaba convencido de la inocencia de Jesús, pero le entregó a la muerte; quería salvarlo, pero no a costa de indisponerse con los judíos que, en el atrio, pedían a gritos su cabeza; le mostró simpatía, pero no hasta el extremo de arriesgar algo por El. No se nos aparece como un malvado, pero sí como un hombre de poca calidad, blando, acomodaticio, quizá cobarde. Cuanto más se piensa en la actitud que adoptó en el juicio, más se afianza la impresión de que como tipo humano, como hombre, no era gran cosa. Desde luego, por él hubiera puesto al Señor en libertad; si no lo hizo fue por miedo a los perjuicios que ello le pudiera ocasionar, a las molestias que podían causar a su gobierno aquellos judíos. Es verdad que demostró buenos sentimientos respecto a Jesús: amabilidad, simpatía, deseo de ponerle en libertad. Nada más lejos de él que quererle hacer daño. ¿No es eso lo que suele designarse con la expresión «en el fondo es bueno»? Con todo, los buenos sentimientos de Pilato no sirvieron para nada, a no ser para añadir algunas humillaciones, afrentas y latigazos que quizá hubieran podido excusarse con una condena por la vía rápida.

Quisiera llamar vuestra atención sobre un breve texto de San Juan en este proceso civil de Jesús, porque es posible que nos ayude a comprender algo mejor la actitud de Pilato. Se trata de una pregunta que formuló al Señor, aunque a mí me da la impresión de que no fue propiamente una pregunta, pese a su forma interrogativa, pues no parece que con ella pretendiera realmente una respuesta. El caso es que Pilato preguntó a Jesús: «¿Luego tú eres rey? Jesús contestó: Tú lo dices. Yo soy rey. Yo para esto he nacido, y para esto he venido al mundo: para dar testimonio de la verdad. Todo el que pertenece a la verdad escucha mi voz. Dícele Pilato: *¿Qué es la verdad?* Dicho esto salió de nuevo a los judíos...» (Ioh 18, 37 y 38).

Sí, ¿qué es la verdad? Pilato dejó en el aire, como un ademán de elegante displicencia, esas cuatro palabras que constituyeron, más que una honrada pregunta, una confesión de escepticismo. Pilato no creía en la verdad. ¿En nombre, pues, de qué iba a reñir una batalla para dejar en libertad a un inocente? ¿En nombre de la justicia? No hay justicia sin unos principios verdaderos válidos para todos y para siempre, sin unos hechos que son verdad. El procurador de Roma no era, eso se ve, un hombre cuya actitud respondiera a unos principios, a una ética; menos aún, a una creencia religiosa. Y no habiendo una verdad objetiva a la que atenerse, careciendo de un punto sólido de referencia al que poderse asir con seguridad, su actitud fue fluctuante, acomodaticia, circunstancial, porque sólo podía moverse en un campo de situaciones relativas sin sentido que había que resolver de la mejor manera posible... para él.

Las palabras de Jesús no despertaron en él ni siquiera un mínimo de atención, ni una partícula de curiosidad. No era tampoco, a lo que se ve, un hombre abierto (excepto, quizá, para la superstición. Lo único que le inquietó seriamente y le inspiró temor durante el proceso fue el recado de su mujer diciéndole que había tenido sueños). Sin embargo, si se hubiera molestado en averiguar qué querían decir las palabras pronunciadas por el Señor, si hubiera proseguido inquiriendo en lugar de lanzar su frase a donde nadie podía recogerla, acaso hubiera averiguado que sí existe la verdad. Más aún, quizá hubiera visto que tenía ante él a la misma verdad: «Yo soy el camino, *la verdad* y la vida», había dicho Jesús. Jesús había venido a eso: a dar testimonio de la verdad, es decir, a dar testimonio de sí: «Tú das testimonio de ti...», le decían los judíos. El sentido de las palabras del Señor escapó por completo a Pilato. La verdad, a veces, puede parecer muy extraña a mentes no habituadas o no abiertas a ella, tan extraña que son incapaces de reconocerla aun cuando la tengan ante sus ojos.

Me pregunto si esas palabras que resbalaron por el caparazón de escepticismo de Pilato despiertan en nosotros alguna mayor atención de la que a él le merecieron. En nuestros días la búsqueda de la verdad no constituye un objetivo para la mayor parte de las gentes. Hay, en su escala de valores, cosas que consideran mucho más urgentes e inmediatas y, también, mucho más importantes: el éxito, la eficacia, el dinero, la fama (que hoy se traduce por publicidad), el placer, el confort, la política, el poder. Tampoco hoy es fácil encontrar la reposada paciencia que se necesita para cultivar la inteligencia e irla enriqueciendo con la averiguación de las partículas de verdad que se encuentran a nuestro alrededor. Los hombres de nuestra época son prácticos, y por ello buscan resultados prácticos. La técnica, la invención y venta de productos, eso sí que son cosas prácticas. Además hoy los hombres tienen prisa: cuanto más se tarda en conseguir un resultado positivo tanto mayor es el gasto. ¿Cómo van a dedicarse a la búsqueda de la verdad, que tanto esfuerzo, tiempo y paciencia requiere, sin que además se pueda vender de manera que el negocio justifique la inversión?

Nuestro tiempo está marcado por lo que Peter Wust llamaba «la moderna maldición del subjetivismo». Lutero hizo un flaco servicio a la verdad cuando introdujo el principio del libre examen, cuando rechazó la autoridad de la Iglesia como intérprete infalible de la revelación y decidió que cada fiel que lee la Escritura está asistido por el Espíritu Santo para que interprete rectamente. A partir de este momento, ese momento que inicia la Edad Moderna, cada vez se cree menos en la verdad; en cambio, cada uno cree más en *su* verdad. Y desde que Hegel (en la versión más común) acabó hasta con las verdades más evidentes —principio de identidad, principio de contradicción— para erigir en su lugar *sus* verdades, ni evidentes ni demostradas, el escepticismo y el relativismo no solamente se han extendido, sino que en algunos sistemas han adquirido la categoría de dogmas para quienes rechazan los dogmas de la revelación.

Hoy el hombre, sobre todo el hombre joven, se encuentra sin nada sólido a que poder asirse. No encuentra una roca firme bajo sus pies sobre la que pueda apoyarse, sobre la que pueda construir su vida. Sólo arena, una arena sin firmeza, movediza, cambiante, aparentemente útil hoy, realmente inútil mañana, y siempre engañosa y engendradora de desesperanza. «Pero en todo caso es *mi* verdad», dicen. Sí, y muchas veces es una mentira porque es una falsa verdad, porque no es verdad, aunque sea suya. Hace mucho tiempo que se está edificando sobre arcilla sistema tras sistema, teoría tras teoría. Cuando no se reconoce una verdad objetiva, real, que sirva de contraste a teorías y sistemas, entonces no hay contraste, y nosotros nos sentimos perdidos en un mundo donde todo es fluctuante, donde todo pierde vigencia en cuanto se mudan los vientos, donde no hay nada que tenga arraigo. En lugar de la verdad, que por serlo lo es siempre y para todos, sólo impresiones, sentimientos, opiniones, teorías, emociones, hipótesis e inestabilidad, todo fluyendo. Es una espantosa miseria la del hombre moderno, un siniestro legado el que recibe la juventud de hoy.

¿Qué es la verdad? Pilato la tuvo delante y fue incapaz de verla. Sería muy esperanzador que la juventud sintiera deseos de encontrar, de nuevo, la verdad en medio de la maraña inconsistente de relativismos. Mucho de lo que hoy se escribe sobre la juventud parece apuntar a que, en efecto, en medio de su tremenda desorientación hay una especie de sexto sentido que la hace reaccionar contra la falsedad y la hipocresía, una especie de deseo de *autenticidad* que se manifiesta, si hemos de creer el diagnóstico de no pocos sociólogos, en el repudio (¿o habrá que decir «el rechazo»?) de una sociedad convencional, farisaica y vacía de valores auténticos. Según esto, los *hippies*, las melenas, los atuendos exóticos, las canciones protesta, el conflicto generacional y hasta las drogas, la superación del sexo y la mugre, serían manifestaciones de autenticidad. Se rechazan los convencionalismos en cuanto mentiras. Los jóvenes aman la verdad.

¡Ojalá fuera así! Creo, sin embargo,

que no es tan simple y definida la cuestión. Por de pronto, temo que en muchos casos, o si lo preferís, en muchas de estas formas, se confunde la autenticidad con la espontaneidad. Si un hombre es embustero, y habitualmente miente porque es lo que le sale espontáneamente ¿se puede decir de él con propiedad que es auténtico? Un auténtico embustero, eso es lo que es. Si uno es vago, si uno es cruel, si uno es vicioso ¿constituye una cualidad estimable (y la autenticidad lo es, y mucho) vivir sin trabajar, maltratar a los débiles o satisfacer su vicio? Confundir la autenticidad con la espontaneidad es como decir de alguien que es sincero porque dice siempre lo que piensa, sin pensar nunca lo que dice. No sería sincero, sino ligero.

La autenticidad no dice relación a espontaneidad, sino a verdad. Una perla es auténtica cuando *es* una perla, es decir, una excrecencia producida por la ostra; pero cuando la perla es producida artificialmente por el hombre, entonces no es auténtica, es una perla falsa. Esta fidelidad al ser personal de cada uno es, sin duda, uno de los aspectos de la autenticidad, pero no el único. Pero si os fijáis, esto es más o menos lo que se conoce con la expresión de «verdad metafísica». Una cosa es verdad cuando es lo que es; y una cosa es auténtica cuando es lo que debe ser. Hay otros aspectos. Un daltónico no distingue los colores verde y rojo, y lo que ve suele ser una especie de color castaño, y lo ve con claridad. Lo seguirá viendo igual de claro por mucho que le expliquen su error y por más que advierta que el resto de la gente se atiene a otra cosa de lo que él ve. ¿Llamaríais autenticidad a encastillarse en su error porque ve con claridad, desoyendo todas las llamadas a que rectifique? Yo lo llamaría a eso tozudez, no autenticidad. Si eso fuera autenticidad, un imbécil debería comportarse lo más imbécilmente posible para ser auténtico, pero entonces no veo qué puede tener la autenticidad para ser considerada como un valor cotizable. Más bien diría que es auténtico el hombre que tiene el valor de reconocer la posibilidad de estar equivocado, el hombre que es capaz de admitir que sus ideas pueden ser erróneas a pesar de la claridad con que las vea, y que en consecuencia posea el valor de rectificar sin miedo a quedar mal. Dicho de otra manera: un hombre se comporta con autenticidad cuando se atiene a la realidad, le guste o no; y se comporta de modo inauténtico cuando se engaña (consciente o inconscientemente) con ideas, sueños o teorías que, por no corresponder a la realidad, a lo que es, constituyen un mundo artificioso. Uno puede creer con absoluto convencimiento que dos más dos son siete veinticinco, y ser consecuente con su convicción, pero ello no le hace auténtico. La adecuación de la mente a la realidad de las cosas es, pues, otro ingrediente, u otro aspecto, de la autenticidad. Y esto es precisamente lo que se conoce con el nombre de «verdad lógica».

Por último, cabría hablar de la sinceridad como otra de las facetas de la autenticidad. Un hombre hipócrita, que aparenta lo que no es, que finge una actitud, que engaña, es un hombre de dos caras. Lo es aunque la hipocresía, el fingimiento y el engaño sean fruto de una doctrina y se practiquen deliberadamente como un medio para triunfar. Un hombre que miente es un falsario, es un hombre falso. Lo es porque lo que dice no es expresión de lo que piensa y siente, independientemente de los motivos que le lleven a hacerlo, y tanto da que sea el triunfo de una ideología como el de un partido político o el de un producto comercial. Este tipo de verdad, la adecuación entre lo que se piensa y lo que se dice, esta verdad moral, es otro de los aspectos de la autenticidad, y desde luego no se practica mucho en nuestros días.

Verdad, autenticidad. ¿Cuál es la relación entre ambas? Los jóvenes de hoy, hombres y mujeres, ¿buscan la verdad? ¿O quizá sólo ponen el acento en la autenticidad, entendiéndola simplemente como la manifestación sincera de lo que en cada momento uno siente o piensa? En este caso, toda grosería, cualquier gesto de mala educación, hasta la más crasa expresión de egoísmo pueden ser muestras estimables de comportamiento porque llevan el sello de la autenticidad. Ahora bien: si la juventud pone en la cima de su escala de valores la autenticidad así entendida, entonces haremos bien en no confiar demasiado en ella, porque por semejante camino no es difícil llegar al fanatismo de las juventudes hitlerianas o de las juventudes maoístas, ya que lo que importa no es la verdad, sino la manifestación de lo que uno cree o siente, aunque sea mentira o aunque sea cruel.

No. La autenticidad es algo adjetivo con relación a la verdad. Creo que unas palabras de J. Pieper pueden aclarar lo que quiero dar a entender. «Verdad —dice— no significa otra cosa sino el mostrarse de aquello que es». Bien, yo diría que lo que es la verdad respecto de lo que es, es la autenticidad respecto de la verdad: su manifestación. Por eso la manifestación de algo que es falso no es nunca autenticidad, aun cuando la actitud del que se manifieste pueda demostrar, a veces, valor.

Claro que hoy la verdad no está de moda, quizá porque nos hemos creado tantas necesidades que ya no hay tiempo de buscarla. La verdad, por otra parte, puede ser muy incómoda, y en una sociedad para la que el bienestar es casi el valor supremo, la incomodidad debe ser rechazada porque no tiene sentido, y me temo que en este punto muchos de vosotros sois muy de la sociedad de consumo. En cambio, ¡qué expediente tan cómodo el de Pilato! ¿Qué es la verdad? Algo, indudablemente, que compromete. El escepticismo, el relativismo, en cambio, no comprometen a nada, ni comprometen nunca. Todo fluye, y se va pasando de una postura a otra, de un principio a otro, y uno encuentra en cada momento lo que le sirve mientras dura una situación, y lo abandona cuando la situación cambia. Sólo que el hombre permanece, y a la larga acaba vacío y cansado de tanto cambio efímero y de tanto esfuerzo inútil. Tiene que estar constantemente elaborando teorías que sustituyan a las que acaban de caducar, y al final todo es un gigantesco artificio, una especie de juego convencional en el que todo son hipótesis provisionales en sucesiva bancarrota.

Comprendo que hablar de la verdad y del ser debe, sin duda, «sonaros» a filosofía aristotélico-tomista y me temo que esto no sea la mejor recomendación para alentaros a que os pongáis a su favor (al fin y al cabo, pertenecéis al mundo de hoy). Con todo, en peores filosofías podéis caer y ésta, la filosofía del ser, por ser realista, tiene al menos la ventaja de estar del lado del sentido común. Y cuando éste deja de estar presente toda conversación se hace ininteligible.

La verdad debe ser captada, aprehendida, por cada uno, personalmente. A veces su irrupción es desconcertante, o dolorosa, o irritante, porque la verdad obliga. Requiere esfuerzo, pues el acceso a la verdad exige del hombre muchas renuncias (sobre todo, a la superficialidad, a la pereza, a la comodidad, a la facilonería... y al pecado) y, por tanto, lucha interior, ya que en el hombre, y a su alrededor, hay fuerzas que tienden a impedir esa apertura que le hace capaz de recibirla, fuerzas que le impulsan a cerrar los ojos del alma a la claridad de lo que es, de Quien es.

Sí, de Quien es, pues toda verdad tiene, en algún sentido, una dimensión divina, ya que todo lo que es, es por El, y es verdad por su conformidad con la mente divina. Autenticidad es, en último extremo, vivir según verdad; por eso, cuando se obra la verdad, uno acaba accediendo a la Verdad: «el que obra la verdad viene a la luz». ¿Y no os parece, por otra parte, muy significativo que Jesús englobe en una misma condenación, por su íntima dependencia, al fariseísmo, la mentira y el demonio? Dice: «Vosotros sois hijos del demonio. El es mentiroso y padre de la mentira. No hay verdad en él...» Tampoco en los fariseos, es decir, en los hipócritas, en todos aquellos cuya «fachada» despista de lo que hay tras ella.

Sépalo o no, todo aquel que honradamente busca la verdad está buscando a Cristo y, cosa notable, por el mero hecho de buscar honrada y valientemente se está encontrando a sí mismo. Está siguiendo la senda angosta, porque para acceder a la verdad está renunciando a todas las fáciles comodidades que proporciona el instalarse confortablemente en cualquier ideología que le exima de pensar demasiado y le permita, en cambio, justificar ciertas debilidades. Más aún. Por el hecho de buscar la verdad, ese hombre ya no es masificable, es decir, un hombre que se resigne a dejar de pensar con su propia cabeza para ser manejado mecánicamente, como parte despersonalizada de una masa, por un orador pagado de sí mismo, por un *leader* que grita consignas, o por un habilidoso que le susurre al oído lo que tiene que pedir o lo que tiene que hacer.

Y esto, el pensar con la propia inteligencia, investigar, indagar la verdad, es muy importante hoy, y es especialmente importante para vosotros. Si a vuestra edad sois ya masa y tenéis mentalidad de masa estáis perdidos. No podréis escapar de esa trampa mortal que tiende a anular lo más noble y grande que hay en el hombre, la inteligencia y la voluntad. En un tiempo abocado a la masificación por la técnica, incluso la psicológica (¿no fue Hitler quien dijo que una mentira repetida cien veces acaba siendo verdad?) la búsqueda de la verdad es, entre todos, el mejor procedimiento para seguir siendo hombres (y no cosas), porque es una tarea tan sumamente personal que el simple hecho de irla realizando impide ser convertido en masa. Es el amor a la verdad, la fidelidad a la verdad, lo que hace que uno no sea arrebatado por el caos

del ambiente; y también lo que lo convierte en tierra firme en la que puedan
encontrar una esperanza los que no quie-
ran perecer ahogados por la marea de
subjetivismos, en un punto de apoyo al
que se puedan asir los que están cansa-
dos de rodar en el incesante fluir de situaciones sin sentido. No creo (a menos
que esté absolutamente equivocado acerca de la juventud) que ser como Pilato
sea una meta deseable para ningún universitario.

LA VERDAD OS HARÁ LIBRES

Creo que si os animáis a leer en alguna ocasión el capítulo octavo del Evangelio de San Juan podéis pasar un rato verdaderamente delicioso, al menos desde el punto de vista intelectual. No me refiero, claro está, a una simple lectura descuidada y rápida, sino a una lectura pausada, atenta, hecha sin prisa y con sobra de tiempo para detenerse a reflexionar siempre que la ocasión lo requiera, es decir, a menudo. Y, por supuesto, una lectura hecha sin prejuicios, con la mente abierta y en disposición receptiva.

Es en ese capítulo donde se lee una afirmación de Jesús, hecha al parecer de pasada, pero que no obstante levantó en vilo a los fariseos, que en ocasiones se mostraban muy susceptibles. He aquí lo que se lee: «Decía, pues, Jesús a los judíos que habían creído en El: Si vosotros perseverareis en mi doctrina seréis verdaderamente discípulos míos, y conoceréis la verdad, y la verdad os hará libres» (Ioh 8, 31 y 32).

Esta última afirmación fue la que provocó una airada reacción de parte de los oyentes, entablándose una discusión entre Jesús y los fariseos. El sentido profundo de esta afirmación del Señor —«la verdad os hará libres»— lo explicó El mismo a lo largo de la discusión, y en términos generales, tal como se desprende del contexto, se puede entender así: Dios creó al hombre libre; el hombre, inducido a error (pensó que podría ser igual a Dios) por el demonio, «mentiroso y padre de la mentira», cometió pecado, y en el mismo momento perdió su libertad, «porque el que comete pecado es esclavo del pecado». Pero el esclavo no puede manumitirse a sí mismo: tiene que ser liberado por alguien con poder suficiente para hacerlo. Ese alguien es el Hijo —que es el camino, *la verdad* y la vida—: sólo El puede redimir al hombre de su pecado y volverle por la gracia al estado de libertad, rotas las ataduras con que el pecado le aprisionaba: «Si el Hijo os diese libertad, seréis *realmente* libres».

Parece que hoy, efectivamente, este tema de la libertad está a flor de piel, si hemos de juzgar por el consumo que se hace de la palabra. Y las palabras del Señor son muy sugerentes a este respecto. «La verdad os hará libres». ¿Y la mentira? ¿Puede la mentira hacer libres a los hombres? Un hombre cuya idea de la libertad esté basada en una mentira y sea, por tanto, una idea falsa de la libertad, ¿puede considerarse que es *realmente* libre?

Si hay que dar crédito a lo que se lee, hoy los jóvenes (o, al menos, una parte de ellos) no se sienten libres, sino apresados, más aún, exasperados por unas estructuras que ellos no han hecho, por una organización en la que ellos no han intervenido. Pero me parece que esto no sucede sólo con los jóvenes; algunos viejos (o, si lo preferís, podemos decir mayores) tampoco nos encontramos mucho más a gusto en feas y enormes ciudades de cemento y asfalto hechas, acomodadas sobre todo, para el tráfico rodado, llenas de humo, de ruido y de prisas, en una civilización en que la técnica está aplastando al hombre y subordinándolo a sus fines. Uno se ve también asfixiado por reglamentos, ordenanzas, expedientes, trámites, papeleo y burocracia. Se comprende muy bien la evasión de una parte de la juventud que vuelve a una especie de nomadismo campestre: se ha salido de ese mundo hecho de reglamentos, convencionalismos petrificados y necesidades inútiles cada vez más numerosas. Pero aunque *se sientan* más libres, ¿lo son realmente? Ser libre ¿consiste simplemente en la ausencia de todo lazo, de todo vínculo, que nos ligue a algo?

¿Qué es, en realidad, ser libre? Un hombre sin familia por la que trabajar, sin patria en la que hundir sus raíces, sin fe que le conforme, sin deberes que le obliguen, sin norma moral que le sujete, sin una verdad objetiva a la que atenerse, sin un amor al que entregarse, sin esperanza por la que luchar, sin Dios a quien amar, un hombre así, tan suelto de todo, ¿sería un hombre libre?

No. No lo sería. No sería ni siquiera un verdadero hombre. Sería apenas una especie de cosa sin ninguna humanidad y, desde luego, si hubiera algún hombre en tales condiciones, su vida sería un verdadero infierno, un vacío tan espantoso que sólo un estado de inconsciencia podría hacer apenas soportable. Un hombre así sería lo más parecido a un animal, obligado por su misma vaciedad a asirse a las cosas más elementales para tener algún contacto con la realidad, evitando a todo trance adquirir conciencia de una vida sin contenido, sin finalidad y sin sentido.

La libertad no se define por la ausencia de *todo* vínculo, de toda ligadura. No es simplemente una palabra. Es una realidad existente en un mundo de realidades, de otras realidades de las que no puede prescindir, ni independizarse, porque ellas también son, y ellas también cuentan. La libertad del hombre tiene un origen que la configura, un objeto al que aplicarse, una finalidad que le da sentido. Prescindir de tales elementos equivale a negarla o a destruirla. Y ser libre no es tampoco ser todopoderoso, hacer todo lo que uno quiere. Uno no puede, aunque quiera, hacer cuanto le pueda apetecer, pero no por eso deja de ser un hombre libre. Siendo, como es, el hombre un ser limitado, ¿cómo podría ser ilimitada la libertad? Por eso, toda limitación, cualquier limitación, no tiene por qué ser un insulto a la libertad.

Por otra parte, libertad no equivale propiamente a independencia. El hombre es libre, pero no es independiente. Necesita de muchas cosas, de otras personas, para vivir, incluso para subsistir. Es un ser real hecho de una forma determinada, y no puede prescindir de ello a no ser que deje de ser hombre, y además hay otros hombres que también son libres y tienen derecho a que su libertad sea respetada. La convivencia implica siempre renuncias. Lo malo de la palabra *libertad* es que es una palabra ambigua, al menos en cierto sentido. Si no hay una conformidad en el contenido y alcance del concepto, toda conversación queda en un diálogo entre sordos, y me temo que al hablar de libertad cada uno la entiende a su modo. Pero de todos estos modos, ¿cuál es el que de verdad responde a lo que auténticamente es la libertad?

Si ser libre no significa ser todopoderoso, ni tampoco independiente (en el sentido más radical), entonces ser libre es compatible con la limitación y la dependencia. Más aún: la limitación y la dependencia son connaturales al hombre por el mero hecho de serlo. Hay que citar aquí, por lo que ilustran el sentido de esta característica, unas palabras de G. Thibon que expresan, un tanto figuradamente, un hecho real. «No podemos ser egoístas, tan sólo podemos ser presas. El avaro se ve devorado por el oro; el libertino, por la mujer; el santo, por Dios.

No está el problema en darnos o rehusarnos, se trata tan sólo de saber a quién nos damos». Ahora bien: si todo hombre está vinculado a algo, o a alguien, la calidad de la libertad depende de la calidad del vínculo que, al atarle, da la referencia de la elección que el hombre hace. Y ello es así porque la libertad se ejercita en la elección entre dos o más posibilidades por una de las cuales debe decidirse la voluntad, pues no puede estar en suspenso indefinidamente. Pero no es la voluntad, ni la libertad, la que conoce entre dos o más posibilidades, sino la razón La razón es tan fundamental para que la libertad pueda darse que no hay libertad propiamente dicha sino en los seres racionales. No se dice que un irracional, una planta o una piedra, sean seres libres, aunque un perro pueda ir a una parte u otra, o una planta crezca libremente. La elección supone ponderación, reflexión, consideración, valoración de las posibilidades entre las que elegir. Cuando no hay esto, cuando el pensamiento está ausente, entonces no hay libertad: se trata entonces de apetencia, capricho, instinto, arbitrariedad, impulso, algo que no es racional ni razonable, algo que no es del todo humano.

Y algo de esto es lo que hoy está ocurriendo. Saint Exupery ha sabido expresarlo muy bien al escribir en *Ciudadela:* «Porque se me ha revelado que el hombre es semejante en todo a la ciudadela. Destruye los muros para asegurarse la libertad, pero ya es sólo una fortaleza desmantelada y abierta a las estrellas. Entonces comienza la angustia de no ser». Abierta a las estrellas, pero también a cualesquiera vientos, sin abrigo; y también abierta al asalto de los enemigos, sin defensa. Hoy el hombre, y una parte de la juventud en concreto, ha destruido las murallas que le defendían y aseguraban su integridad frente a las fuerzas destructoras. Ha destruido los «mitos», ha terminado con los «tabús». Y en realidad lo que ha destruido, lo que ha aniquilado, es la verdad en nombre de la libertad, y para ser «libre» la ha sustituido por ilusiones, sueños, optimistas visiones del porvenir, teorías tan brillantes como carentes de fundamento. ¿Con qué resultado?

Bien, al parecer nunca el hombre se ha sentido menos libre que en los tiempos que corren. Ha roto todos los lazos que le unían a Dios y le obligaban con él, pero se ha esclavizado hasta extremos repugnantes, hasta extremos tales como justificar el uso de las drogas como procedimiento de liberación, la perversión sexual como una ruptura de limitaciones y la transgresión de las leyes de la naturaleza como una conquista del hombre. Se opone la autoridad a la libertad como si fueran dos contrarios incompatibles, se abomina de todo orden, de toda disciplina, como si el orden y la disciplina y la obediencia no pudieran ser el resultado de una libertad bien vivida, algo que se asume libremente, conscientemente, deliberadamente. Una mentira diabólica —el demonio es «mentiroso y padre de la mentira. No hay verdad en él»— empapa las mentes y las oscurece; es como una nube espesa que oculta la verdad, la desfigura, la entorpece, la suplanta.

En el fondo de esta nota característica de nuestro tiempo hay un orgullo malsano, ese tipo de orgullo que ha llevado a diagnosticar la muerte de Dios y la madurez de la humanidad. La humanidad ha alcanzado la madurez y ya no necesita un Padre. Pero tampoco esto es un adelanto, sino una regresión:

> Se descubre también la ira de Dios, que descarga del cielo sobre toda la impiedad e injusticia de aquellos hombres que tienen aprisionada injustamente la verdad de Dios, puesto que ellos han reconoci-

do claramente lo que se puede conocer de Dios. Porque Dios se ha manifestado. En efecto, las perfecciones invisibles de Dios, aun su eterno poder y su divinidad, se han hecho visibles después de la creación del mundo por el conocimiento que de ellas nos dan sus criaturas; y así, tales hombres no tienen disculpa. Porque habiendo conocido a Dios, no le glorificaron como a Dios ni le dieron gracias; sino que devanearon en sus discursos y quedó su insensato corazón lleno de tinieblas, y mientras que se jactaban de sabios, pasaron a ser unos necios, hasta llegar a transferir a un simulacro en imagen de hombre corruptible, y a figuras de aves y de bestias cuadrúpedas y de serpientes, el honor debido solamente a Dios incorruptible.

Por lo cual, Dios los abandonó a los deseos de su corazón, a los vicios de la impureza, en tanto grado que deshonraron ellos mismos sus propios cuerpos. Ellos, que habían colocado la mentira en lugar de la verdad de Dios, dando culto y sirviendo a las criaturas en lugar de adorar al Creador, el cual es bendito por todos los siglos, amén. Por eso los entregó Dios a pasiones infames. Pues sus mismas mujeres invirtieron el uso natural en el que es contrario a la naturaleza. Del mismo modo, también los varones, desechando el uso natural de la hembra, se abrasaron en amores brutales de unos con otros, cometiendo torpezas nefandas varones con varones, y recibiendo en sí mismos la paga merecida de su obcecación. Pues como no quisieron reconocer a Dios, Dios los entregó a un réprobo sentido, de suerte que han hecho acciones indignas, quedando atestados de toda suerte de iniquidad, de malicia, de fornicación, de avaricia, de perversidad; llenos de envidia, homicidas, pendencieros, fraudulentos, malignos, chismosos, infamadores, enemigos de Dios, ultrajadores, soberbios, altaneros, inventores de vicios, desobedientes a sus padres, irracionales, desgarrados, desamorados, desleales, despiadados. Los cuales, en medio de haber conocido la justicia de Dios, no echaron de ver que los que hacen tales cosas son dignos de muerte; y no sólo los que las hacen, sino también los que aprueban a los que las hacen (Rom 1, 18-32).

Bien, quizá hoy no se pueda hablar con propiedad de imágenes de bestias cuadrúpedas, aves y serpientes adoradas por el hombre; quizá sean computadoras u otros logros humanos, acaso sus propias teorías sobre la vida y la muerte, y lo que hay después de la muerte. Pero el panorama no parece muy distinto en cuanto a todo lo demás. No es un signo esperanzador, sino un síntoma grave, que se haya considerado como un gran avance la formulación de los derechos humanos (precisamente al acabar una guerra en la que tantas muestras de inhumanidad se habían dado), tan olvidados o en desuso estaban. Y están, me parece a mí.

El mundo, si uno lee los periódicos, parece que lleva camino de convertirse en una verdadera jungla. Y el hombre de hoy, tan maduro y con una libertad absoluta, lleva camino de una degradación tal como jamás la conocieron los siglos, sólo que peor aún, porque antes Cristo, que es la Verdad, no había venido aún. Ahora, en cambio, se le desprecia como a Dios aun cuando sentimentalmente (¿o deliberadamente?) se le admire como hombre, como un buen hombre.

Sólo que el pensamiento del hombre, aunque pueda lograr muchas adhesiones, es impotente contra la realidad. Y la realidad es que Jesucristo *es* el Hijo de Dios, Dios verdadero, la Verdad total. «Pensemos lo que sería de nuestra libertad si existiese realmente una verdad, una sola verdad, que midiese todas las demás verdades y con cuya falta dejarían de ser verdaderas» (Singrid Undset). Esta verdad existe, y en una Verdad viva, y el hombre contemporáneo no la soporta. Esa Verdad es piedra angular y piedra de escándalo, pero la única que puede dar libertad al hombre porque le libera de su propio egoísmo. Pues un hombre no es propiamente libre cuando hace lo que quiere, sino cuando quiere lo que debe, puesto que la libertad no se refiere al hacer, sino al querer. Y hace falta que la voluntad esté muy libre de ataduras para aplicarse al deber que, a veces, no coincide con el gusto, ni con el capricho, ni con la comodidad, ni con el interés. Es esta calidad de la libertad la que da la medida de la hombría, porque un hombre que lo sea de verdad hace lo que tiene que hacer, con ganas o sin ellas, y además responde de sus actos, pues no hay libertad donde no existe responsabilidad. Ni un niño ni un demente pueden gozar de libertad, porque ninguno de los dos tiene capacidad para usar de la razón y por eso son irresponsables. Y no deja de ser sintomático que hoy en día, cuando en nombre de la libertad se rechaza toda verdad que no sea la verdad científica (pequeñas verdades que no afectan esencialmente al ser del hombre, aunque puedan destrozarlo o curarlo), las técnicas para eximirle de la responsabilidad de sus actos han llegado a una perfección insospechada.

Un hombre siempre es capaz de decir, en lo más íntimo de su ser, sí o no, quiero o no quiero, lo acepto o me rebelo, y eso aun cuando la coacción exterior sea extrema. Y puede hacerlo en virtud del libre albedrío que tiene todo hombre por el simple hecho de ser una criatura racional, hecho a imagen y semejanza de Dios. Pero *libertad*, propiamente libertad, sólo aquellos que están libres de la servidumbre del pecado la gozan. Personalmente creo mucho más en la libertad de un santo (pensad, por ejemplo, en Santa Teresa o San Francisco de Asís) capaz de conocer la voluntad de Dios —la verdad—, de querer hacerla y de hacerla a pesar de todo, que en la de cualquier sujeto que se llame libre por el mero hecho de no ser gobernado sino por impulsos ciegos, caprichos incoherentes o furiosos instintos.

Cuando un hombre no tiene otro vínculo que lo ate que su adhesión a Dios —la
Suma Verdad—, ese hombre es el más libre de todos, porque participa de la verdad de Dios y «la verdad no está encade-
nada». Es el caso de los santos. Pero no
hay cadena más pesada que la del hombre inexorablemente solo y sin arraigo,
pues «la libertad se convierte en arbitrariedad o capricho cuando la verdad es rechazada, porque entonces el egocentris-
mo se convierte en norma». Creer que
uno es libre porque rompe los mandamientos de Dios, o porque abofetea al
prójimo si le apetece hacerlo, o porque
embadurna la casa ajena (nunca la propia) para dejar constancia de su protesta, es muestra tan sólo de incapacidad y
de mentira, es decir, de esclavitud. ¿O es
que el lujurioso, el que se droga, el vio-
lento, se hace libre por el mero hecho de
romper unas normas? ¿De qué se libera, si es posible saberlo?

Libertad es una palabra grande, una
palabra que hoy goza de un prestigio mucho mayor que la palabra verdad; pero
no se puede dar libertad sin verdad. Por
eso nuestra época, que rechaza la verdad
en nombre de la libertad, tampoco conoce lo que es ser auténticamente libre.

Nunca se ha pecado con más insolencia (siempre, claro está, en nombre de la libertad), pero nunca —a no ser, quizá, en la época que describe San Pablo en su epístola a los romanos— se han sentido los hombres menos libres. Verdaderamente, el yugo que Dios impone es infinitamente más suave y ligero que el que los hombres nos imponemos a nosotros mismos en nombre de la libertad.

En último extremo, la realidad es lo que de verdad cuenta. Si se prescinde de ella, uno acaba estrellándose después de haberse debatido estérilmente. La aceptación voluntaria de lo que es, la humildad de someterse a la ordenación de Dios, de acoger la verdad con todas sus consecuencias, es el único camino para que el hombre se realice en la libertad. En otras palabras: rechazar a Cristo, cualquiera que sea la forma en que el hombre lo haga, es el mejor procedimiento para convertirse en esclavo de un duro amo, llámese éste ideología, pasión, impulso o lo que sea.

Si yo me atreviera a aconsejaros, os diría a aquellos de vosotros que habéis creído en El, que seguís creyendo en El, que perseveréis en su doctrina, pues entonces *conoceréis* la verdad, y la verdad os hará libres. Y si alguien tiene que transformar este mundo —cosa que, al parecer, os entusiasma—, esos serán los hombres capaces de creer en la verdad y, por ello, de ser verdaderamente libres.

¡CRUCIFÍCALE!

Cuando San Lucas narra la Pasión menciona explícitamente a los «príncipes de los sacerdotes y a los magistrados juntamente con el pueblo» como los interlocutores de Pilato cuando éste, en sus débiles esfuerzos por salvar a Jesús sin comprometerse demasiado, intenta convencerlos de su inocencia. Pilato sabía que Jesús no era reo que mereciera la muerte; la acusación de los judíos era muy vaga, y por otra parte —salvo que fuera tonto del todo— debía conocer la fama, la predicación y los milagros de Jesús, así como la enemistad que le profesaban los fariseos.

Es un curioso diálogo —si así puede

llamarse a la conversación entre dos interlocutores, uno de los cuales está cerrado a todo razonamiento— el que mantuvo Pilato con los judíos. Estos, después de juzgarle, llevaron a Jesús a presencia del procurador; Pilato, a su vez, después de interrogarle, y como no encontrara en él delito alguno, les comunicó su conclusión. Los judíos insistieron en acusarle, y al entender que era galileo, Pilato encontró el procedimiento de librarse de un problema enojoso remitiéndolo a Herodes, que tenía jurisdicción en Galilea. Herodes le interrogó, le despreció, se burló de El y lo volvió a remitir a Pilato.

Hasta aquí, podríamos decir, la primera parte del proceso. Pilato llegó al convencimiento de la inocencia de Jesús, y «convocando a los príncipes de los sacerdotes y a los magistrados, juntamente con el pueblo, les dijo: Vosotros me habéis presentado este hombre como alborotador del pueblo, y he aquí que, habiéndole yo interrogado en presencia vuestra, ningún delito he hallado en El de esos que le acusáis. Pero ni tampoco Herodes, puesto que os remití a él, y por el hecho se ve que no le juzgó digno de muerte. Por lo tanto, le dejaré libre».

¿Era esto una sentencia absolutoria? Por una parte parece ser que sí, puesto que constituía una declaración de la inocencia de Jesús y el anuncio de la decisión adoptada en consecuencia. Por otro lado, sin embargo, no da la impresión de que dejara zanjada la cuestión de una vez para siempre. Parece como si todavía la dejara abierta, pendiente de la confirmación del pueblo; como si diera su parecer mirando la reacción que despertaba, no como proclamando una sentencia firme. Era, en efecto, muy difícil que Pilato diera en tales circunstancias una sentencia firme careciendo él mismo de firmeza.

Pero él quería salvar a Jesús, «porque sabía que se lo habían entregado por envidia» (Mt 27, 18). También quería no contrariar a los judíos, pues su fanatismo podía causarle conflictos que, de seguro, no iban a contribuir a la prosperidad de su carrera. Pensó encontrar una solución en la costumbre de dar libertad, por razón de la fiesta de la Pascua, a un reo. Todo era cuestión de oponer un indeseable a Jesús, cuya fama entre el pueblo jamás se había visto afectada por acción alguna que pudiera empañarla, y en la disyuntiva, ¿cómo iba el pueblo a preferir un hombre de los antecedentes y talante de Barrabás?

Quizá Pilato confiaba en el buen sentido de la multitud. Acaso creía que el pueblo se movería en el sentido de lo evidente al poner en contraste a Jesús con Barrabás, sedicioso y homicida. En todo caso, no contó con la capacidad de maniobra de los príncipes de los sacerdotes y los ancianos, «que indujeron al pueblo a que pidiese la libertad de Barrabás y la muerte de Jesús» (Mt 27, 20).

El hecho fue que cuando les propuso la elección, «todo el pueblo, a una voz, clamó diciendo: Quítale a ése la vida y suéltanos a Barrabás... Hablóles nuevamente Pilato con deseo de libertar a Jesús, pero ellos se pusieron a gritar diciendo: ¡crucifícale, crucifícale! El, no obstante, por tercera vez les dijo: ¿Pues qué mal ha hecho? Yo no hallo en él delito alguno de muerte; así que, después de castigado, le daré por libre. Mas ellos insistían con grandes clamores pidiendo que fuese crucificado y se aumentaba el griterío. Al fin, Pilato se resolvió a otorgar su demanda. En consecuencia, dio libertad, como ellos pedían, al que por homicidio y sedición había sido encarcelado, y a Jesús lo entregó al arbitrio de ellos».

Dejando de lado la acción diabólica y las más profundas causas de la crucifixión, quisiera ahora que nos limitáramos a reflexionar acerca de este aspecto que refleja San Lucas. Personalmente creo que, en aquella ocasión, la multitud excitada, pidiendo a gritos la muerte de Jesús, tuvo que ver en la actitud de Pilato. Unos cuantos sacerdotes y unos ancianos no hubieran logrado, por sí solos, ejercer presión suficiente para acobardar al procurador, como se demostró años más tarde, en análoga situación, en el caso de San Pablo. Por otra parte, aquellos hombres que gritaban como posesos « ¡crucifícale, crucifícale! », ¿querían, de verdad, la muerte de Jesús? Si Pilato hubiera preguntado a todos ellos, uno a uno, ¿os parece que hubieran elegido la libertad para Barrabás y la muerte para Jesús?

Yo creo que no. Un hombre no se conduce lo mismo cuando tiene que afrontar una situación de modo personal que cuando lo hace anónimamente como parte insignificante de una masa. En el primer caso actúa como persona, poniendo a contribución su inteligencia y decidiendo con su libre voluntad (si tiene valor para ello), pero también corriendo el riesgo de responder de sus propios actos (por eso necesita tener valor). En el segundo caso, en cambio, la despersonalización del hombre integrado en una masa le lleva a no comportarse *humanamente*, es decir, inteligente y libremente, y además no corre el riesgo de tener que responder. Es un modo especialmente apto para lanzar la piedra y esconder la mano, para diluir la propia responsabilidad, aunque sólo delante de los hombres, en modo alguno delante de Dios o de la propia conciencia. Esto último, como es natural, si uno es lo bastante sincero para encararse honradamente con ella.

En otras ocasiones el pueblo, entusiasmado por las palabras o por los milagros del Señor, había querido proclamarle rey; ahora, en cambio, vociferaba casi con odio: ¡crucifícale! ¿Qué elementos de juicio tenían? ¿En qué fundamento se apoyaban para lanzar tan brutalmente su condena? ¿Habían oído, siquiera, lo que Jesús tenía que decir en su descargo? Desde luego que no.

Aquello sucedió el Viernes Santo, más bien temprano. Posiblemente no pocos de los allí reunidos (Jerusalén estaba aquel día superpoblada por los peregrinos que habían llegado de todas partes para celebrar la Pascua) ni siquiera sabían apenas una hora antes que Jesús había sido entregado a Pilato, y cabe incluso también la posibilidad de que una parte de los que componían el gentío congregado ante el pretorio fueran, al menos al principio, simples curiosos y sin duda, uno a uno, buenas personas.

Y uno a uno, preguntados directamente y sin previas instrucciones, teniendo que decidir la suerte de Jesús juzgando tan sólo por algunos hechos objetivamente establecidos, ¿hubieran condenado a Jesús a una muerte humillante en el patíbulo, dando además la libertad a Barrabás? Ciertamente, no es posible creerlo. Y con todo, estos hombres que de por sí no hubieran hecho daño a una mosca, diluidos en una masa, se mostraron brutales; hombres racionales, capaces de discernir el bien del mal y lo justo de lo injusto, se comportaron fanáticamente, cerrados a todo razonamiento; hombres libres que en su vida habitual eran capaces de asumir la responsabilidad de sus actos, actuaron en masa como un rebaño que se mueve con un simple chasquido de quien lo conduce. De toda aquella multitud sólo unos pocos —los príncipes de los sacerdotes, los magistrados, algunos fariseos— sabían lo que hacían y por qué; pero ellos no formaban parte de la masa, ellos la movían. Ellos «indujeron al pueblo a que pidiese la libertad de Barrabás y la muerte de Jesús» (Mt 27, 20).

Y Pilato, aquel pobre hombre, convencido de la inocencia de Jesús, pero lleno de miedo a la masa vociferante; un pobre hombre que tenía la autoridad y carecía del valor necesario para ejercerla, que tenía los medios para hacerla respetar y no tenía la hombría necesaria para arrostrar la impopularidad. Un hombre cobarde y vacilante, medroso y débil, que incluso se permite el gesto evasivo de lavarse las manos, desentendiéndose, como un niño enfurruñado que se retira del juego porque no es capaz de luchar, porque sólo quiere ganar.

Tengo la impresión de que siempre ha habido mucho de esto, y también hoy; quiero decir, hombres como Pilato, buenos en el fondo (quería poner en libertad a Jesús), pero cuya debilidad causa más daño a los inocentes que la maldad de otros. Hombres como aquel pequeño grupo de judíos, precisamente los dirigentes del gentío, que se valen de la buena fe, de la ignorancia, superficialidad o ingenuidad de la multitud para servirse de ella en beneficio de sus propios intereses, de sus particulares rencores, de sus mezquinas ambiciones; hombres que se escudan en la masa, que se valen de ella, que se esconden tras ella actuando anónimamente y eludiendo su responsabilidad.

Y la masa, que es como un animal ciego, como un monstruo de muchas cabezas, dócil a quien sabe manejarlo, terrible por su furor irracional para las víctimas que sus conductores les señalan. No que la masa esté integrada por hombres malvados, que esto no ocurre nunca. Alguien dijo alguna vez que ninguna revolución puede hacerse sin el concurso de hombres honrados. Su presencia es la que tranquiliza a las familias, a la muchedumbre de hombres sencillos ocupados en trabajar y sacar adelante a los suyos, a esos hombres que no tienen tiempo de ocuparse de los grandes problemas porque las urgencias diarias absorben su atención y hasta su último minuto. Sí, en toda revolución es necesaria la presencia de hombres honrados, ese tipo de hombre honesto, de ninguna malicia, generalmente idealista, un poco simple por la total ausencia de sentido crítico, incapaz de ver más allá de las apariencias pero capaz de inflamarse si oye las palabras adecuadas. A veces, también, alguno con cierto prestigio, menos inteligente de lo que él mismo cree, brillante a veces, aunque más por el resplandor que se crea en torno a él que por su propia valía. Sin duda lo habéis encontrado en alguna ocasión: buena persona, incapaz personalmente de violencia alguna, tan convencido de estar llamado a una importante misión como incapaz de ver que sólo está representando el papel que otros le permiten. Constituyen ese tipo de hombres-puente que se hunden en la nada tan pronto su utilidad desaparece. El tiempo los borra por completo, y su recuerdo (si alguna vez se les recuerda) produce pena, o quizá irritación, pero nunca admiración o reconocimiento, y a veces ni siquiera respeto.

De todo hubo en aquella ocasión: una autoridad débil e insegura; hombres conscientes de lo que deseaban y que, sin aparecer apenas, excitaron a la multitud ciega a secundar sus planes; una masa que no sabía, no pensaba, pero gritaba las palabras que se les decía, asustaban al pobre hombre a quien Roma había hecho procurador, doblegaban su vacilante voluntad. Y también una víctima inocente, triturada entre la cobardía de uno, el odio de unos cuantos y la estupidez de la masa.

Cuando todo hubo terminado las cosas se vieron de modo distinto. De la reacción de Pilato no se sabe mucho; los dirigentes del pueblo se endurecieron más. En cuanto al resto, San Lucas trae un dato muy significativo: «Y todo aquel concurso de los que se hallaban presentes a este espectáculo, considerando lo que había pasado, se volvían dándose golpes de pecho». Se golpeaban el pecho. Fue un reconocimiento de culpabilidad y una manifestación de arrepentimiento. Uno no se golpea el pecho porque haya sucedido algo independientemente de su voluntad, porque un desafortunado acontecimiento haya tenido lugar sin su intervención. Uno se golpea el pecho, por el contrario, cuando reconoce que ha causado un daño, cualquiera que sea su magnitud, culpablemente.

Ignoro por qué estas palabras de San Lucas me recuerdan siempre otra expresión, también del mismo evangelista, que la emplea en un momento determinado de la parábola del hijo pródigo. Cuando se le agotó el dinero, comenzó a pasar hambre y hubo de aceptar el trabajo de cuidar de una piara de cerdos; entonces, «volviendo en sí», se dio cuenta de la locura que había cometido. También los judíos que, quizá desde el pretorio, habían acudido al Calvario y contemplado el «espectáculo» de la crucifixión, cuando todo hubo terminado, «volvieron en sí». Una masa amorfa no puede mantenerse indefinidamente en un estado de excitación emocional, ni es tampoco algo estable. Tarde o temprano, generalmente al terminar el incidente que la congrega y la mantiene unida, se disuelve como un azucarillo.

Y fue entonces, después que la excitación hubo desaparecido y sólo quedó el resultado de la iniquidad consumada, cuando ellos se dieron cuenta de que habían crucificado a un inocente. Ellos habían pedido, más aún, habían exigido a gritos la crucifixión de Jesús. Ellos se habían negado a toda consideración, a toda reflexión, a todo razonamiento, ahogando con un clamor irracional las palabras de Pilato. La masa no razona, no reflexiona, no piensa, sólo grita. ¿Es responsable?

La masa no es propiamente un conjunto de hombres que sabe lo que quiere y a dónde va, o que está organizada con vistas a la consecución de un fin conocido, y que conscientemente obedece las indicaciones de los que están al frente. El «pueblo» que estaba ante el pretorio era sólo un ocasional conjunto amorfo de personas. Y una persona sí puede pensar, reflexionar, conocer, querer, y las personas sí son responsables. No era la masa la que se golpeaba el pecho al volver del Calvario, sino «el concurso de los que se hallaban presentes a aquel espectáculo». La masa se había disgregado y ya no existía, pero quedaban los hombres, cada uno de los hombres que, ahora, se daba cuenta de lo eficazmente que había contribuido a que un hombre inocente muriera en el patíbulo. Claro que cuando un hombre se despersonaliza integrándose en una masa se deja conducir por emociones, por la pasión, y no se da mucha cuenta de lo que hace o del alcance que su acción puede tener. Sí, cierto. Pero ¿hasta qué punto puede excusar su voluntaria integración de la masa, a sabiendas de que abdican de su condición de persona? ¿No era su voz, no eran sus gritos los que habían hecho presión sobre un hombre débil, forzándole a traicionar su conciencia y cometer una injusticia?

Creo que hay un tipo de pecado en el que con frecuencia incurrimos todos y del que rara vez nos confesamos, quizá porque al ser sutil, estar generalizado y prestarse a una dilución en el ambiente, nuestra conciencia (sobre todo hoy, en que el caos mental reinante hace muy difícil la finura de espíritu) no lo percibe apenas. Además, ahora se practica poco el examen de la conciencia.

Me refiero al pecado de cooperación al mal. El grito de uno no es nada, pero sin ese grito, y otro, y otro, no hay clamor. Un grito puede asustar a un niño pequeño, pero es necesaria la cooperación de muchos para formar un griterío, una situación capaz de amedrentar a un hombre hecho y derecho y obligarle a comportarse como no desea, o como no debe. No es posible formar un ambiente con una sola persona, porque un ambiente es el resultado de la conducta de muchos, y todos, de un modo u otro, contribuímos a darle sus características.

Una multitud de judíos crearon el clima en el cual fue posible la crucifixión del Señor: todos ellos cooperaron eficaz y positivamente en aquella horrenda injusticia. Parece ser que hoy el fenómeno de la masificación, de la despersonalización del individuo, del hombre, está generalmente reconocido, a juzgar por los cada vez más numerosos estudios que lo dan por hecho incuestionable. Quizá ello explique cómo unos pocos puedan lograr tan enorme influencia en el ambiente imponiendo sus gustos, sus intereses, sus ideas, sus juicios, hasta su noción del bien y del mal. Su poder les viene, sobre todo, del conformismo pasivo de la masa que coopera con ellos sin pensar, sin reaccionar. He oído muchas veces comentarios acerca de obras de teatro, de películas de cine, comentarios al estilo de «¿cómo el gobierno permite que se representen tales cosas?»; pero los mismos que se escandalizan son los que, con su dinero y su presencia, con su activa cooperación, mantienen tales obras en cartel, y las llevan al éxito que anima a multiplicarlas porque son negocio. Nos quejamos de la corrupción de costumbres, pero ¿son acaso idólatras paganos quienes las corrompen, o bautizados hijos de la Iglesia? ¿Quiénes son los que difunden el clima de confusión propagando teorías contrarias a las doctrinas fundamentales relativas a la fe y costumbres, incluso en puntos sobre los que se ha pronunciado inequívocamente el Vicario de Cristo, como lo referente a los anticonceptivos o al celibato eclesiástico? ¿Los paganos acaso, o más bién los cristianos del llamado mundo occidental?

Pequeños grupos organizados, coherentes, buenos conocedores de lo que quieren y de cómo han de conseguirlo. Un número cada vez mayor de hombres que, paulatinamente, se van convirtiendo en masa, como los rinocerontes de Ionesco, y que cooperan eficazmente en los objetivos de los pequeños grupos haciendo de amplificadores con su griterío, con su ignorancia, con su comentario, con su snobismo, con su inconsciencia, con su cobardía (¿cómo se van a atrever a ir contra corriente?), con su comodidad. Y acaso también autoridades vacilantes, o débiles, o faltas de criterio, que callan, que no quieren indisponerse, que esperan a que las circunstancias sean propicias, o que las cosas se arreglen solas, o que alguien les apoye.

La castidad, el pudor, la modestia, son «tabús» de viejas e ignorantes civilizaciones, repletas de convencionalismos, que deben desaparecer en pro de los derechos del erotismo; con lo del celibato eclesiástico es admirable ver con qué vigor se presiona a la Iglesia para forzarla a un movimiento regresivo que le arrebatara una de las más delicadas realizaciones del espíritu evangélico; el cine sólo se puede salvar si se suprime toda censura, si caen todas las trabas, aunque el resultado sea la corrupción. Hasta los intelectuales y los universitarios se convierten en masa y se disuelven en ella anónimamente. En nombre del bienestar y en pro de los derechos del erotismo se asesinan niños mediante el aborto; se cierra el camino de la vida a quienes debían llegar, con el fin de que los que han vivido, y siguen viviendo, puedan disfrutar de los sacrosantos derechos del sexo sin miedo a que baje su nivel de vida y tengan que compartir lo que tienen con los que vengan.

Un inmenso griterío resuena a través de los periódicos, de las revistas, de las conferencias, reuniones, libros, folletos, anuncios, en fin, de todo ese complejo artilugio de los medios de comunicación social, que lo difunden en nombre del «derecho a la información».

¡Crucifícale! Y Cristo y su Iglesia, crucificados, y los que dicen creer en El gritando también (la mayoría solapadamente; algunos, más tontos o más engreídos, con un atrevimiento tal que uno comienza a pensar si no estarán en realidad contra Cristo y su Iglesia a juzgar por los hechos), y cooperando, como hormiguitas, al mal, sin ideas claras ni deseos de adquirirlas, unas veces porque encuentran aburrida la tarea, y otras porque si las adquieren se verán obligados a mil molestias que no están dispuestos a afrontar ni siquiera por su propia salvación. Los que tienen autoridad (y no me refiero propiamente a los gobiernos, aunque también) no saben cómo, o cuándo, o en qué sentido ejercerla, o quizá están ocupados en cosas más importantes y, como Pilato, andan a remolque, conducidos en la dirección que el griterío señala. ¿No podían, acaso, hablar las autoridades judías de que la «opinión pública» había condenado a Jesús?

Así tuvo lugar la crucifixión de Cristo. Quizá muchos de aquellos pobres diablos que primero vociferaban ante el pretorio, y después de ver lo que habían hecho se golpeaban el pecho, llegaran a ser discípulos de Cristo meses después, cuando Pedro habló a la multitud (muy claramente por cierto, según se ve en los *Hechos de los apóstoles*) y un día se bautizaron tres mil y otro cinco mil. Tuvieron la humildad de reconocer su falta y la honradez de confesarla.

Pero nosotros seguimos siendo masa que no piensa y que, con docilidad de rebaño, colabora activamente, de modo lento, pero seguro, en la propagación de teorías, sugerencias, modas y costumbres que están destruyendo los valores cristianos en la sociedad y la doctrina del Evangelio en las conciencias. Como la cobardía y la estupidez hicieron posible el gran crimen de la crucifixión, nuestra cobardía y nuestra estupidez está haciendo posible hoy la crucifixión de nuestra Madre la Iglesia. Dios quiera, por nuestro propio bien, que un día nos demos cuenta del mal que hacemos y, arrepentidos, golpeemos también nuestro pecho.

LOS CATÓLICOS Y LA IGLESIA

Cuando en algún libro se lee que el Hijo de Dios vino al mundo para fundar una Iglesia, la reacción inmediata, casi instintiva, es pensar que tal afirmación es errónea, por excesiva. Que Dios se encarnara y viviera entre nosotros, se dejara morir colgado de un madero y resucitara, total para fundar una Iglesia, parece un derroche impropio de Dios. ¿Qué necesidad tenía Dios de encarnarse para hacer lo que cualquier hombre hubiera podido hacer? Sin remontarnos a los antiquísimos tiempos de Buda y Confucio, o a los menos remotos de Mahoma, o a los más recientes de Lutero y Calvino, tenemos bien cerca a John Wesley, fundador de la iglesia metodista, o a Fox y los cuáqueros. Y casi al alcance de la mano, en el pasado siglo, ahí están William Miller (corregido por Ellen White) que fundó los Adventistas del Séptimo Día, y Joe Smith,, que en 1831 estableció la iglesia mormónica, o a Mary Bakker Edder y su *Christian Science*; y es ayer (1931) cuando nace la iglesia de los Testigos de Jehová de la mano de C. T. Rusell. Y esto por mencionar sólo iglesias conocidas.

Claro que si consideráis la Iglesia simplemente como un conjunto de personas que creen aproximadamente las mismas cosas y se gobiernan por idénticas reglas, entonces no cabe duda de que es razonable pensar que no había ninguna necesidad de que el Hijo de Dios se hiciera hombre, asumiendo nuestra naturaleza, para fundar su Iglesia. Ahora bien, si es esto lo que pensáis, no lo digáis en voz alta, porque podríais confundir a otros y hacerles formar un pobre (y equivocado) concepto de la Iglesia.

La Iglesia de Jesucristo es, no sólo bastante más que eso, sino sobre todo algo completamente distinto. Si leéis el Antiguo Testamento (que no puede ser desligado del Nuevo) veréis que, en resumen, es la historia del pueblo de Dios. Escogiendo a Abraham como instrumento y con miras a la salvación de los hombres, Dios se hizo un pueblo con el que estableció una alianza, un pueblo formado por la descendencia de Abraham (aunque no toda) y al que progresivamente se fue revelando. Así comenzó la preparación de la humanidad, educándola paulatinamente a través del pueblo escogido para el mundo sobrenatural que había perdido en Adán, disponiéndola para la venida del Hijo que iba a restaurar el orden y la armonía, en el hombre y en la creación, rotos por el pecado. Esta fue la Antigua Alianza, establecida sobre la naturaleza y formalizada por la circuncisión.

Pero era una alianza y un pueblo transitorios, sólo preparación, figura, sombra, medio para una Alianza Nueva y plena, definitiva, que inicia Cristo Jesús con un nuevo pueblo de Dios que no está fundado, como el antiguo, en la naturaleza, sino en la gracia; que no se constituye por la carne y la sangre, sino por la fe en Jesucristo; al que se pertenece no por un rito accidental y extrínseco, sino por la renovación radical e intrínseca que opera en el hombre el bautismo mediante la muerte del hombre viejo y el nacimiento de un hombre nuevo.

Este nuevo pueblo de Dios participa de la vida divina, la misma por la cual Cristo vive, y es también su Cuerpo místico, un Cuerpo del cual El es la Cabeza, y los bautizados —es decir, nosotros—, hijos de Dios por adopción, sus miembros. ¿Cómo podía un simple hombre hacer cosa semejante? Una Iglesia pueblo de Dios, Cuerpo místico de Cristo, con una vida que no es natural (sino sobrenatural), Sacramento de salvación, sólo Dios, como comprenderéis, p o d í a fundarla, porque nadie sino El podía salvar a los hombres.

Bien, yo no dudo de que esto es sabido por los católicos, aunque no sé si por todos. Pero un saber que no se convierte en vida es un saber muerto, es un saber tan estéril que no salva, pero que acrecienta la responsabilidad.

Creo que los judíos, o mejor dicho, una parte de ellos, no comprendieron muy bien lo de la alianza y el pueblo escogido, si tenemos en cuenta los textos de los profetas. Convirtieron la alianza en una especie de contrato de toma y daca y, en lugar de dejarse conformar por la Ley de Moisés, la utilizaron como un escudo para protegerse de las exigencias de Dios. Me temo que una parte de los católicos, y quizá la parte más aparente, tiene una actitud semejante ante el Evangelio y ante la Iglesia, una actitud mucho más parecida a la que se adopta con una sociedad de seguros que la que se tiene con un organismo sobrenatural con el que se está irrevocablemente comprometido, del que se es parte y de cuya suerte se es responsable.

Hay católicos, en efecto, para quienes lo primordial no es tener vida —léase estar en gracia—, sino cumplir con la Iglesia. Con la misma puntualidad con que pagan la prima del seguro, ellos cumplen sus deberes religiosos (lo que entienden por deberes religiosos): oyen misa los domingos y fiestas de guardar, bautizan a sus hijos, se casan por la Iglesia, se confiesan (¿con enmienda, o para poder acompañar al hijo que hace la primera comunión, sin que en realidad haya cambio alguno en su vida?)... A cambio, ellos tienen el derecho a la vida eterna. Es el tipo de católico orgulloso de serlo (¡está en la religión verdadera!) y satisfecho de su fidelidad a la Iglesia. Por otra parte, es indulgente con la debilidad de la humana naturaleza, y del mismo modo que paga su tributo a la religión, el pecado (las debilidades, suele decir) es el tributo que paga a la flaqueza natural. No que presuma de sus pecados. Simplemente, los comprende, los disculpa. Dan lo que deben, lo que es exigido (así lo creen), aunque dando más importancia a los Mandamientos de la Iglesia que a los de la Ley de Dios; pero ni una pizca más de lo que consideran estrictamente necesario u obligatorio. No quieren condenarse, eso por supuesto, porque sería un pésimo negocio; pero tampoco les interesa ser santos, porque la santidad exige tantas renuncias que la consideran, también, un pésimo negocio. Más aparentes que reales, más exteriores que interiores, más formularios que sinceros, más interesados en salvarse que en amar a Dios y al prójimo, cumplen la letra de la Ley y se despreocupan de su espíritu, por lo que se parecen más al fariseo que al publicano o al discípulo. Acaso se pudiera decir de ellos lo que Jesús de su propio pueblo: «Este pueblo me adora con la boca y con los labios, pero su corazón está muy lejos de mí».

Creo que éste es (si lo he descrito bien) el tipo de católico que no cae bien a la juventud, suponiendo que haya alguno que le caiga bien. La gente joven de hoy detesta esta clase de honorabilidad, y sienten repugnancia y se rebelan ante la doblez y la hipocresía, los formulismos convencionales que nada significan y las actitudes satisfechas de los que se creen buenos. Creo, sin embargo, que si el universitario se cree más puro por el mero hecho de rechazar semejante religiosidad, si se cree mejor por haberse salido de un cuadro tal, entonces hará bien en reflexionar un poco e intentar descubrir las raíces de su propia satisfacción.

Porque ¿es ese tipo de religiosidad el que rechaza? ¿O es ese tipo de religiosidad la capa que encubre y justifica a sus ojos el abandono de toda obligación con Dios?

Se decía en tiempos todavía no muy lejanos que «la hipocresía es el tributo que el vicio rinde a la virtud». Pero no veo motivo alguno de satisfacción en el hecho de que el vicio no rinda ya a la virtud ninguna clase de tributo, ni de que en nombre de la sinceridad y de la autenticidad se exhiba el pecado como un triunfo sobre los «tabús» impuestos por épocas fenecidas, o como liberación de absurdos «complejos» (el pudor, la vergüenza) o de «viejas y convencionales» reglas de moral.

Si nuestro saber fuera un saber vital, un saber que se convierte en vida, nuestra conducta sería, en verdad, muy distinta. Si somos un Cuerpo regido por la Cabeza, por Cristo, somos, querámoslo o no, solidarios unos de otros. Esto quiere decir que todo lo que cualquiera de nosotros hace o deja de hacer nunca es un asunto meramente personal, puesto que tiene una repercusión en todo el Cuerpo, en toda la Iglesia, en todos los demás, exactamente lo mismo que un dolor de muelas no es cosa que afecte sólo a una pequeña parte de la boca, sino que molesta a la persona entera. Así, todo pecado causa un daño real a la Iglesia, y por ella a los demás, a todo el Cuerpo; toda desobediencia —es decir, todo acto realizado contra la voluntad de Cristo— es una separación, un paso que tiende a deshacer la unidad, y un perjuicio, por tanto, hecho a todo el Cuerpo. Por el contrario, toda buena obra (y es buena en la medida en que es querida y, por tanto, compartida por Cristo) aumenta la cohesión y la unidad de la Iglesia y la salud del Cuerpo, y su acción bienhechora se extiende hasta el último rincón. En suma, esto quiere decir que cuando un católico se desentiende del conjunto del que forma parte como miembro de un Cuerpo para vivir su vida con independencia, entonces se convierte en un cáncer que corroe el organismo y contribuye a matarlo.

Claro que no se puede matar a la Iglesia. Herirla, sí, cada vez que se mata o se daña a uno de sus miembros, pero no matarla, porque ella es indestructible. Sin embargo, nosotros podemos causarle muchas heridas, y de hecho así lo hacemos. Ella, la Iglesia, es santa, pero nosotros, sus hijos, no lo somos, y esto es capaz de percibirlo cualquiera que tenga ojos y pueda ver con ellos; y nuestra conducta es la que a menudo causa escándalo y hace que la Iglesia sufra desprestigio.

Por supuesto existe un medio muy sencillo para evitar este grave daño y acabar de raíz con el escándalo que muchas veces produce el comportamiento de muchos católicos que viven de espaldas, al margen o en contra de la fe que profesan a boca llena, de aquellos que han decidido de hecho aprovecharse al máximo de los placeres y bienes de este mundo, o de hacer una acomodación del Evangelio a sus propios gustos, dejando para la hora de la verdad ponerse a bien con Dios y asegurar en el último minuto su salvación (así lo esperan) mediante una confesión de urgencia. Este procedimiento sería que la Iglesia expulsara de su seno a todos los que no son santos ni demuestran la más pequeña voluntad de serlo, a todos los que se aprovechan de ella sin darle nada, a todos los que por vivir habitualmente en estado de pecado mortal están muertos. Entonces la Iglesia sería santa en sí y en sus miembros, y su luz no se vería velada por la suciedad con que los pecados de sus hijos la oscurecen. Sólo que, ya lo comprenderéis, la Iglesia no puede hacer eso, porque es Sacramento de salvación, y sólo por la salvación de todo el Cuerpo a veces se ha visto forzada a adoptar, como amarga medicina, esta medida. La Iglesia es Madre, y en lugar de expulsar a quienes le hacen daño y la hieren, los retiene para darles vida, porque su esperanza es inagotable. Los mantiene junto a sí para hacerles bien, pero ellos la ensucian, la deshonran y la humillan (*Leclercq*).

No hay exageración en ello. En una carta a su obispo, en 1841, Newman expresaba lo que otros muchos, quizá, pensaban sin atreverse a decirlo: «Hasta que los católicos... no manifiesten en su conducta pública la luz de la santidad y de la verdad, nosotros les haremos la guerra». Somos nosotros una de las causas (y acaso la mayor de todas) de que la Iglesia no sea realmente conocida ni comprendida, de que sea despreciada o de que se le acuse de hipocresía. Me pregunto, incluso, si no se nos podría aplicar a los católicos de hoy (a todos, no sólo a las generaciones adultas) aquella terrible acusación de San Pablo a los judíos: «por vuestra causa, el nombre de Dios es blasfemado entre las naciones».

Por nuestra causa, cierto. Supongo que los buenos ateos, al ver el espectáculo de muchos de los católicos del «mundo libre», deben pensar que para vivir de semejante manera no merece la pena esforzarse ni siquiera en averiguar qué hay de verdad en la Iglesia: un árbol bueno no puede producir frutos tan malos. Y me parece lógico que la juventud, al ver el convencionalismo de muchos católicos, tan deformes que rayan en la monstruosidad, se sienta invadida por dudas y tentada de buscar en otro lado algo que llene esa ansia de verdad, de pureza y de bondad que todos llevamos dentro.

No sé hasta qué punto puede ser beneficioso ese afán de mejorar las cosas que nos ha llevado a entonar con gran publicidad un *mea culpa* que se manifiesta en dos direcciones, convencidos además de que hemos provocado una brisa purificadora que va a renovar la Iglesia. Una de ellas es fustigar, denunciar, sus «defectos». Parece que el viejo refrán que dice que «los trapos sucios se lavan en casa» ha perdido su vigencia, y ahora se gritan a los cuatro vientos o se denuncian a la faz del mundo las manchas que afean a la Iglesia. Lo que no alcanzo a comprender es qué bien puede hacer a nadie la publicidad y exhibición morbosa de estas miserias, y más si se tiene en cuenta que *somos nosotros* los que hemos ensuciado con ellas el rostro de la Iglesia hasta dejarlo irreconocible. No es el Cuerpo —la Iglesia en cuanto tal—, sino los miembros, los que con nuestro taimado modo de aprovecharnos de la religión constituimos las manchas que le echamos en cara. La Iglesia es santa, aunque sus miembros distemos mucho de serlo; es una Iglesia sin pecado, aunque no sin pecadores. Pero nosotros hemos preferido avergonzarla públicamente antes que reconocer nuestra propia vergüenza y cargar con ella.

Por otro lado está la tendencia a contribuir al bien de la Iglesia aconsejando, en un tono suficiente y aleccionador, qué debe hacer, qué medidas debe adoptar en esta hora del mundo, para que sus hijos no nos sintamos avergonzados por su desfase respecto a la civilización. Lo que no se acaba de comprender, sin embargo, es con qué autoridad, o en nombre de qué, nos ponemos públicamente a dar lecciones a quienes dijo Cristo «el que a vosotros oye, a Mí me oye». ¿Quizá ha cambiado de opinión y, en lugar de hablarnos a nosotros a través de ellos, ahora ha decidido hablarles a ellos a traves de nosotros?

Creo que no es éste el modo de vivir la solidaridad e interdependencia a que nos obliga el ser miembros de un mismo Cuerpo. Ser discípulo de Cristo, ser hijo de la Iglesia, es estar en continua disposición y en lucha perpetua por dejarnos conformar por el Evangelio. Es ser consecuente con la fe en Cristo, por renuncias que ello entrañe; es *comprometerse* irrevocablemente, conscientemente, deliberadamente, en una empresa sobrenatural a vida o muerte.

Pues es preciso tener conciencia de que la Iglesia es, a la vez, conservadora y revolucionaria. En efecto, la Iglesia de Jesucristo tiene que ser, necesariamente, conservadora. Tiene que conservar íntegro e inalterable el depósito de la revelación, pues existe precisamente para custodiarlo y transmitirlo con toda fidelidad; tiene que conservar en toda su fuerza los sacramentos, fuentes de vida sobrenatural, y no está en su mano suprimir ni añadir uno sólo, pues fueron instituidos por Cristo, y la Iglesia existe para administrarlos, no para alterarlos; tiene que conservar las normas morales y enseñarlas constantemente a los hombres, pues debe mostrar el camino de la salvación y no puede transigir con la falsificación de esas normas, ya que ello equivaldría a pactar con el pecado y, por tanto, a oponerse a la Redención, lo cual, evidentemente, iría contra su propia esencia.

Y al mismo tiempo, la Iglesia es (me repugna emplear este vocablo, por el manoseo constante a que está sometido, y porque es casi una muletilla utilizada superficialmente de modo habitual, pero creo que es el más adecuado para que se entienda bien lo que quiero decir) *revolucionaria*, no en el sentido banal del término, sino en el más genuino. La Iglesia nunca dice «basta», sino que exige siempre más. La Iglesia, en cuanto continuadora de la doctrina de Jesucristo, es decir, del Evangelio, no solamente denuncia (así se dice ahora) un estado injusto y opresor que esclaviza al hombre y lo corrompe, sino que trabaja sin cesar por el derrocamiento de ese orden establecido precisamente por el pecado, y por la implantación de un orden justo en el que los hombres se sepan hermanos, conozcan la verdad y vivan libres. Por la misma naturaleza de las cosas la Iglesia nunca se considerará satisfecha. Ya veis, ni siquiera puede hacerse la ilusión de que llegue un momento en que cese su lucha y pueda descansar sin más ocupación que conservar sus adquisiciones: esta aspiración que tenían los fariseos a un mesianismo terreno, hoy apenas se conserva en el marxismo, que tan sólo espera la implantación de la sociedad sin clases (suponiendo, que ya es mucho suponer, que semejante expresión sea algo más que otra de tantas utopías) para petrificarse en un conservadurismo sin esperanza y sin horizonte.

Pero la Iglesia no cree en mitos, ni en cuentos de hadas. Sabe que el estado de injusticia, tiranía y corrupción que hay en el mundo es el resultado del pecado y el pecado es omnipresente a los hombres en cualquiera de sus formas: egoísmo, lujuria, codicia, ira, violencia, fraude, injusticia, hipocresía, odio, mentira, avaricia, pereza. La Iglesia sabe —el mismo Cristo se lo enseñó— que el pecado fue vencido en la Cruz, y que los hombres, por la Cruz de Cristo, *y no por ningún otro camino*, pueden también vencerlo, liberarse de su tiranía y purificarse de su corrupción; sabe también que es posible una sociedad más justa, más limpia, más libre y menos mentirosa, pero a condición de que los hombres se despojen de su egoísmo, cualquiera que sea la forma que adopte. Por ello exige a sus fieles un conjunto de virtudes tales como la humildad, la caridad, la pureza, la veracidad, el renunciamiento, el sacrificio, la mansedumbre, la templanza, la prudencia, el trabajo, la fortaleza, la obediencia, la justicia, la penitencia, las buenas obras, la limosna, etc., virtudes mal vistas por hombres como Nietzsche por «negativas», y también por otros muchos por el mero hecho de ser virtudes.

Ahora bien: las más dolorosas heridas, las mayores afrentas, las ha recibido la Iglesia, hasta el presente, de sus propios hijos. Mientras no queramos reconocer que es el pecado personal (por acción o por omisión), los de todos y cada uno de nosotros, la causa de las manchas, defectos e ineficacias que solemos achacar a la Iglesia, ni siquiera hemos comenzado a amarla. En este sentido, el contraste que ofrecemos en relación con los católicos de los países del Este es brutal. Allí ser católico significa, en el mejor de los casos, soportar la condición de un paria social casi sin derechos; otras veces, el riesgo de cárcel y aun de muerte, y por la entereza y fidelidad de estos hombres, la Iglesia, Sacramento de salvación, sigue subsistiendo en estos países como una luz de esperanza donde la que se tenía en una bienaventuranza terrenal se está desvaneciendo. Allí, la persecución no ha logrado sino intensificar la fidelidad de los fieles a la Iglesia y a la fe de Cristo; pero la riqueza y el bienestar de los países occidentales están consiguiendo la corrupción (en la inteligencia y en las costumbres) de una tan elevada cantidad de cristianos que no parece pueda existir un procedimiento más eficaz para conseguir una apostasía general, al menos de hecho.

Con todo, no es demasiado tarde, y en la renovación de la Iglesia los jóvenes de hoy tienen un decisivo quehacer, así como una grave responsabilidad, porque ellos son los que dentro de diez o quince años constituirán lo más característico de la sociedad. A su favor tienen el haber adquirido conciencia de lo que no se debe hacer, de lo que no se puede ser, y unas aspiraciones, quizá un tanto oscuras, pero evidentemente reales, a lo que precisamente constituye la entraña del Evangelio. Tienen en contra su desorientación y una imagen de Cristo, del Evangelio y de la Iglesia tan pobre, superficial y caricaturesca que cualquier parecido con la realidad es puramente casual. Pero si se lo toman en serio, indagan, preguntan, profundizan y reflexionan en el silencio interior, si buscan la verdad..., ¿quién sabe? El camino es duro, porque exige sacrificio y renunciamiento, convertirse en hombres nuevos, pero los resultados son incalculables. Y porque la Iglesia es el Cuerpo místico de Cristo y todos nosotros somos sus miembros, solidarios unos de otros, quizá la reflexión sobre unas palabras de *Camino* puedan abrir horizontes suficientes para el cambio que Dios nos pide a todos: «De que tú y yo nos portemos como Dios quiere —no lo olvides—dependen muchas cosas grandes» (C., 755). En cambio, si seguimos viviendo a nuestro aire, y no nos portamos como El quiere, sólo Dios sabe las catástrofes que podemos atraer sobre nuestro ya tan maltratado mundo.

DIOS TE SALVE, MARÍA

Quizá os sorprenda, si leéis la literatura cristiana de los primeros siglos, encontrar tan pocas referencias a la Virgen María. Si ello os sucede, no os extrañe. Pasó verdaderamente inadvertida durante su estancia en la tierra, y no iba a mostrarse precisamente en esos siglos en que la Iglesia, apenas nacida, debía enseñar la revelación a un mundo poblado de divinidades femeninas de todas las categorías. Ella fue amada y venerada por los cristianos desde el principio, ya en la época apostólica, pero la publicación de su grandeza hubo de esperar algún tiempo, hasta que el mundo estuviera preparado para comprender.

El panorama fue cambiando paulatinamente y, a partir del siglo v (Concilio de Efeso), con mayor rapidez. Ya no era necesario, ni conveniente, ni deseable, el ocultamiento. En adelante, la profundización de la teología y de la piedad de los fieles en el conocimiento de la bienaventurada Virgen María, de su papel en la Redención, de su lugar en el pueblo de Dios, de su maternal compasión por los pecadores (por nosotros, por todos los hombres que crucificamos —y seguimos crucificando— a su Hijo con nuestros pecados), ha sido cada vez mayor. Todas las generaciones la han bendecido, todas la han invocado.

Ahora no es Ella la que se oculta. En un tiempo de extremada miseria espiritual hizo acto de presencia en Lourdes para apartar a los hombres de un abismo mortal. No se le hizo mucho caso, esa es la verdad. Volvió de nuevo en Fátima, más acongojada todavía que en Lourdes, y otra vez insistió en el peligro que los hombres corrían, incluso aquí, si no se apartaban del pecado y hacían penitencia. Tampoco fue escuchada. Eso que se llama «civilización cristiana occidental» no parece tener mucho interés en conservar el apelativo «cristiano». En efecto, prefiere ser conocida, caracterizada mejor, por «sociedad técnica» o «sociedad de consumo».

No. No es la Virgen la que se oculta ahora. Es la civilización actual la que la rechaza, la que la relega a una zona nebulosa, apartada de la vida y del pensamiento, lo cual, por otra parte, no deja de tener una razonable lógica. Porque, en efecto, no es posible vislumbrar, ni con la mejor voluntad del mundo, cómo una sociedad que comercializa el sexo hasta extremos de fomentar el erotismo y la pornografía como bienes, de tolerar y aun aprobar la corrupción, pueda admitir a la siempre Virgen María, cuya sola mención hace retroceder hasta sus malolientes y oscuros escondrijos a toda impureza, suciedad, impudor y exhibición de intimidades. No parece fácil que una sociedad para la que el dinero, el bienestar, el placer y el éxito, a cualquier precio, son los valores máximos pueda soportar a la que se declaró sierva de Dios, vivió pobre, pasó inadvertida y se abrazó a la Cruz. Para una sociedad que ha desterrado hasta la noción de pecado, la Abogada de los pecadores no puede ser una esperanza, no es más que un enojoso recordatorio de lo que no se desea recordar. Por otra parte, ¿qué puede significar la Virgen para una sociedad que se ríe de la virginidad y exalta las relaciones sexuales ya en la adolescencia?

Hoy la humanidad se ha declarado madura, y no faltan católicos que, correlativamente han crecido lo suficiente para afirmarse en un cristianismo también adulto. Pero en el Evangelio se dice que el reino de los cielos es de los que son como niños. Allí se lee que Jesús alabó, lleno de gozo, a su Padre porque había revelado las grandes cosas a los pequeños y a los humildes y las había ocultado a los sabios y a los poderosos. Y también dijo que si no nos hiciéremos como niños no entraríamos en el reino de Dios. Ahora bien: uno es niño, es pequeño, en la medida en que sigue necesitando de la madre. ¿Será, acaso, ésta la explicación de que los cristianos adultos de nuestros días hayan relegado a la Virgen a un desván, y se rían un tanto despectivamente, con cierto aire de superioridad, de tonterías tales como el mes de María o el escapulario del Carmen, cosas propias de católicos subdesarrollados? ·

Creo que es un mal síntoma, un síntoma pésimo, que se haya desacreditado, intencionadamente, el rezo del rosario, y que esta devoción se haya desterrado de muchas parroquias y de casi todos los colegios. Creo que es diabólico que, so capa de ecumenismo, desmitificación, o de lo que sea, se oculte, o se disimule lo mejor posible, como una lacra de la que hay que avergonzarse, la virginidad de la Madre del Salvador, cosa que está sucediendo incluso en libros de gran difusión publicados en contra, o al margen al menos, de la voluntad de la Santa Sede.

Si la devoción a la Virgen María es «señal y prenda de salvación» (así nos lo enseña la Iglesia), me temo que nuestros días no se puedan contar entre los mejores, ni siquiera entre los buenos, en cuanto a esta esperanza. Tengo la impresión, no puedo evitarlo, de que es un cristianismo reseco y glacial el que aparta a la Virgen María, por muy adulto, evolucionado y de nuestros días que se llame. Uno se siente como un huérfano si en su vida está ausente la Madre. Ella es, también, Madre de la Iglesia, y una iglesia que la relegara a la oscuridad ya no sería un hogar. Podría ser, tal vez, una comunidad, una asociación, una asamblea, pero no la casa del Padre común, con una Madre que dispensa a cada hijo los tesoros que para todos ganó el Primogénito entre los hermanos.

Bien, quizá estéis pensando que todo esto que voy diciendo sale hoy como muy negativo, y tenéis razón. No hay nada de positivo en todas estas corrientes que tienden a ir oscureciendo paulatinamente a la Virgen del panorama de la teología, del culto y hasta de nuestra devoción. Pero con todo, no dejan de constituir también «señales de los tiempos», unas señales que conviene conocer porque enseñan un mal camino que hemos de evitar, unos síntomas que indican un estado de salud inquietante y poco satisfactorio. No quisiera que os parecieran avances de la teología o limpieza de adherencias bastardas que se han ido pegando indebidamente a lo largo de los siglos de camino que lleva la Iglesia, no sea que os lancéis, también vosotros, a prescindir de Nuestra Señora.

Es un hecho que la devoción a la que es llena de gracia y bendita entre las mujeres tiene un fundamento en la realidad. Quiero decir que no es un detalle superfluo, un adorno innecesario del que se ha abusado y que hay que poner de nuevo en su sitio. Cualesquiera que sean las corrientes teológicas y sentimentales de una época, la Virgen nunca dejará de ser la Madre de Dios, y que el mismo Dios todopoderoso la eligiera para darnos, a través de ella, a su Hijo, lejos de ser un accidente, es un acontecimiento lleno de significación; que una rama de la teología esté dedicada a profundizar en el misterio de María indica que esa significación tiene una densidad suficiente, en relación con la Redención, para tomarla muy en serio; que el Concilio Vaticano II haya incluido, en uno de sus documentos dogmáticos, un capítulo íntegro a la nueva Eva, Madre de la Iglesia, es también algo para darnos qué pensar en orden a la importancia que la Iglesia concede a la Virgen.

Comprendo que para muchos de vosotros (¡y ojalá lo fuera para todos!) acaso sea superfluo insistir en algo que sabéis y sentís desde siempre; pero cuando algunas corrientes parecen muy interesadas¹ por eliminarla de la vida interior del cristiano y oscurecerla lo más posible dentro del panorama de la fe católica, me parece que no está de más perder algunos minutos en señalar errores que pueden arruinar muchas almas. No hay exageración, os lo aseguro: *pueden arruinar muchas almas.*

No voy a haceros ahora largas reflexiones sobre la Virgen. Ya lo hice en otra ocasión¹ y es suficiente, creo. Pero sí

---

¹ FEDERICO SUÁREZ, *La Virgen Nuestra Señora*, 7.ª ed. (Madrid, 1967).

quiero meteros en la cabeza y en el corazón que nosotros la necesitamos, y desde luego no acierto a comprender (a no ser que se trate de una acción diabólica) a quién puede estorbar la devoción y el culto a Nuestra Señora. No, por supuesto, a Dios Padre: El la eligió para Madre de su Hijo entre todas las mujeres. No a Dios Hijo, a Jesucristo, que pendiendo de la Cruz nos la dejó por Madre, como quien cede en su testamento todo lo que tiene. No a Dios Espíritu Santo, quien por boca de Isabel la llamó bienaventurada.

¿Cómo es posible convencerse de que el amor a la Virgen, y la demostración expansiva de ese amor en expresiones de devoción, puede ser algo que aparte de Cristo, que deforme la piedad o desagrade a Dios? ¿Cómo pensarlo, ni siquiera como problema, cuando es la Iglesia la que ha establecido, aprobado, fomentado, bendecido y recomendado a lo largo de siglos la devoción a la Madre del Salvador? No, no ha sido un capricho gratuito, ni una condescendiente transigencia con formas populares o con el inevitable fondo sentimental de unos fieles poco ilustrados; por el contrario, hay profundas raíces teológicas que se hunden en el suelo fértil de la Palabra revelada.

Posiblemente los justos —o los que creen serlo— puedan prescindir de Ella. Pero nosotros, vosotros y yo, somos pecadores, y los que somos pecadores no podemos imaginar siquiera que jamás hiciera sombra a su Hijo, antes al contrario, *sabemos* que es, que ha sido siempre, que siempre será el camino más seguro, más fácil y más corto para llegar a El. Nadie es tan grande que no necesite, alguna vez, apoyarse en otro; nadie es tan poderoso —ni siquiera los fariseos que se permitieron el lujo de rechazar la salvación que se les ofrecía —como para bastarse a sí mismo, y todos pasamos, alguna vez en la vida, por situaciones en que necesitamos ayuda. Sólo que hay unos que tienen la humildad de aceptarla y otros no.

Nosotros, los pecadores, sabemos que Ella es nuestra Abogada, que jamás se cansa de tendernos su mano una y otra vez, tantas cuantas caemos y hacemos ademán de levantarnos; nosotros, los que andamos por la vida a trancas y barrancas, que somos débiles hasta no poder evitar que nos lleguen a lo más vivo esas aflicciones que son condición de la humana naturaleza, nosotros sabemos que es el consuelo de los afligidos, el refugio donde, en último término, podemos encontrar un poco de paz, un poco de serenidad, ese peculiar consuelo que sólo una madre puede dar y que hace que todo vuelva a estar bien de nuevo. Nosotros sabemos también que, en esos momentos en que nuestra impotencia se manifiesta en términos casi de exasperación o de desesperación, cuando ya nadie puede hacer nada y nos sentimos absolutamente solos con nuestro dolor o nuestra vergüenza, arrinconados en un callejón sin salida, todavía Ella es nuestra esperanza, todavía es un punto de luz. Ella es aún el recurso cuando ya no hay a quien recurrir.

Creo que es esto lo que Francis Jammes expresa maravillosamente en un poema (*Rosaire*), algunos de cuyos versos, traducidos con cierta libertad, no puedo menos que transcribiros. Espero que sepáis encontrar en ellos lo que yo no sé deciros:

Por el pequeñín
que muere en los brazos de su madre,
mientras los otros niños
juegan en el jardín;
y por el pájaro herido
que, no sabe cómo,
siente su ala ensangrentada
y cae.

Por la sed y el hambre,
y por el delirio ardiente,
Dios te salve, María.

Por esos niños golpeados
por el borracho que vuelve a su casa;
por el pobre asno
al que patean en el vientre,
y por la humillación
del inocente que es castigado;
por la virgen vendida
a la que se desnuda,
y por los hijos cuya madre
ha sido insultada,
Dios te salve, María.

Por la vieja que tropieza
bajo una carga excesiva
y grita « ¡Dios mío! »;
por los desgraciados cuyos brazos
no pueden apoyarse
en un amor humano,
como la Cruz del Hijo
en Simón de Cirene;
por el caballo caído
bajo el carro que arrastra,
Dios te salve, María.

Por los cuatro horizontes
que crucifican al mundo;
por todos aquellos cuya carne
se desgarra o sucumbe;

por los que están sin pies,
por los que están sin manos;
por los enfermos
a quienes se opera, y gimen,
y por los justos
puestos al nivel de los asesinos,
Dios te salve, María.

Por la madre que oye
que su hijo se ha curado;
por el pájaro que recuerda
al pájaro caído del nido;
por la hierba que está sedienta
y recibe la lluvia;
por el beso perdido,
por el amor encontrado,
y por el mendigo
que encuentra su moneda,
Dios te salve, María.

ESTE LIBRO, PUBLICADO POR
EDICIONES RIALP, S. A.,
MANUEL URIBE, 13-15, 28033 MADRID,
SE TERMINÓ DE IMPRIMIR
EN SERVICE POINT, MADRID
EL DÍA 12 DE DICIEMBRE DE 2024.